RMR 中国立信风险管理研究院
China Lixin Risk Management Research Institute Shanghai Lixin University of Commerce

EREW 经济运行风险预警与管理研究中心
Research Institute of Economic Risk Early Warning and Management

中国经济运行风险指数

China's Risk Index of Economic Operation

2015第一季度

Quarter One, 2015

《中国经济运行风险指数》课题组 著

上海人民出版社

《中国经济运行风险指数》课题组

课 题 组 组 长:贾德奎

课题组副组长:卞世博

课 题 组 成 员(以姓氏笔画排序):

王淑贞　卞世博　毕玉江　李瑞海

张利兵　贾德奎　唐海燕

课 题 组 秘 书:冯晓楠

前 言

《中国经济运行风险指数》季报由上海立信会计学院中国立信风险管理研究院组织研究和撰写，于 2010 年 4 月首次出版发行，并在此后按季度连续出版。季报旨在通过构建经济运行风险的衡量指数，以直观地反映宏观经济运行中的不确定性状况；除此之外，报告还尝试预测未来两个季度内中国经济的总体运行态势，并对宏观调控政策的可能取向进行前瞻性判断，从而为各级政府及企业界的风险管理提供参考或帮助。

特别感谢上海市教委领导和相关部门对本研究的资助和支持，同时也对学校及相关部门的关心支持及为季报研究工作所创造的良好环境表示诚挚的谢意。同时，感谢上海人民出版社对本季报出版的大力支持，为本报告的顺利出版、发行付出了大量卓有成效的劳动，他们的工作态度和敬业精神尤其值得尊敬，在此一并表示最诚挚的谢意。

本季报的出版，是我们在中国经济运行风险研究领域的进一步探索，非常欢迎各界同仁批评指正，也希望风险管理研究领域的专家学者们提出宝贵建议和提供无私帮助。我们希望季报的出版，能为有志于风险管理研究和实践的同行们提供一个新的交流平台，也非常愿意看到我们的工作能够使得越来越多的人关注中国宏观经济运行中的风险问题,关心风险管理相关领域的学术研究工作,虽然本报告有可能在诸多方面仍存瑕疵,但我们会尽力在今后的研究中继续探索、完善和解决。

目 录

图表目录

Contents

Chart List

内容提要

在消费增长方面，根据已经公布的数据，2014 年中国消费增速有所下滑，内需增速仍然处于较弱水平，但与此同时，消费中一个新的亮点正在显现，即网上购物逐渐成为中国消费增长的重要助推力量。从当前中国消费结构变化来看，改善型和享受型消费占比有所提高，消费表现出较强的升级趋势。在居民人均消费支出中，旅游消费增长较快，交通通信和医疗保健支出占比均比上年略有提高。展望 2015 年，随着收入分配不断优化，居民可支配收入提高将是维持经济长期平稳增长的主要力量。但考虑到当前中国宏观经济运行仍不乐观，居民未来收入增长预期与通货膨胀仍存在较大不确定性，未来消费可能仍将继续保持弱势平稳增长的势头。2015 年第一季度消费品零售增长率风险值为 55，开始进入“有风险”区间。预计 2015 年第二季度风险值为 68，第三季度风险值为 65，保持在“有风险”区间。

2014 年美国经济弱势复苏，但是欧元区和日本经济仍然疲弱，全球经济仍处于危机后的恢复期，需求增长乏力，造成中国外贸出口增长显著趋缓。而同时，2014 年中国宏观经济下行，开始进入中低速增长的新常态，对进口的需求也不断下降，进入 2015 年，中国外贸增长将面临更加严峻的局面。美国虽然基本维持了复苏的态势，但是其进口需求可能转向其他发展中国家，而欧元区和日本经济尚未出现明确的好转迹象，这都将导致外部需求乏力，因此 2015 年中国外贸出口增长将面临较大不确定性；与此同时，由于中国自身经济仍处于结构调整期，对外部的需求也不会有大幅度的提升，因此进口也不太可能有较快增长。2015 年第一季度进出口增长风险值为 58，进入“有风险”区间。预计 2015 年第二季度风险值为 68，第三季度风险值为 69，维持在“有风险”区间。

2014 年，由于宏观经济运行趋弱，投资增长趋缓，居民消费增长也较为平稳，特别是来自于上游生产环节的价格压力不明显，而且全球大宗商品价格下降，中国全年居民消费价格指数都在低位运行。进入 2015 年以来，价格增速下滑的趋势并未扭转。来自上游生产环节的价格上涨压力依然较小，世界主要大宗商品价格仍未出现明显的回涨趋势，中国近期基本没有输入型通货膨胀的威胁。由于居民消费价格持续走弱，近期中国的价格风险主要来自于通货紧缩方面，而不是通货膨胀。2015 年第一季度居民消费价格指数风险值为 25，维持在“风险关注”区间。预计 2015 年第二季度风险值为 19，保持在“无风险”区间；第三季度风险值为 35，重新回到“风险关注”区间。

进入 2015 年以来，中国产能过剩和产业升级与劳动力数量及质量之间的矛盾仍在持续；外贸出口需求下降，部分外资在全球化配置过程中转移到其他东南亚国家，使得对劳动力的整体需求下降；再加上生活成本的上升整体抬高了劳动力要素价格，从而进一步恶化了劳动力供求双方的匹配关系，再考虑到中国整体宏观经济趋弱，这都将影响中国的就业市场，基于此，预计未来中国就业压力还将继续维持在较高水平。2015年第一季度就业风险值为67，维持在“有风险”等级。预计2015年第二季度就业风险值为69，第三季度风险值为65，保持在“有风险”区间。

在影响未来中国外汇储备增长的各主要因素中，由于中国规划了一带一路建设，势必进一步扩大对外投资，而外资进行全球配置的意愿会使得流入中国的外商直接投资增速趋缓，因而，未来外商直接投资对储备总量的贡献会有所下降；另外由于未来出口增长乏力，商品贸易顺差是否能够持续增长还未可知，但是收入不断增长会提升中国居民的境外消费需求，中国服务贸易逆差有着不断增加的趋势。综合以上判断，未来中国外汇储备不会出现快速增长的局面。外汇储备与GDP的比值会不断下降，再考虑到美元不断超强，因此来自外汇储备的风险将有所减缓。2015年第一季度外汇储备风险值为58，维持在“有风险”区间。预计2015年第二季度外汇储备风险值为49，第三季度风险值为45，回落至“风险关注”区间。

2014年，由于工业生产、消费、投资、进出口、企业利润等指标增幅均不同程度回落，增值税、营业税、进口环节税收、企业所得税等主体税种增幅相应放缓；再加上与房地产市场相关的房地产营业税、房地产企业所得税、契税、土地增值税等有明显回落，因而财政收入增速有所下降。进入2015年以来，中国宏观经济仍显疲弱，社会普遍预期经济不容乐观，需要一定程度的积极财政政策支持经济增长，财政支出的压力不断加大，随之而来的财政赤字风险也值得关注。2015年第一季度财政赤字风险为40，进入“风险关注”区间。预计 2015 年第二季度财政赤字风险值为 45，维持在“风险关注”区间；2015 年第三季度风险值为 60，进入“有风险”区间。

与 2013 年相比，2014 年中国社会融资规模继续扩大，但按可比口径计算出现了增长速度下滑，在影响贷款增速的主要因素中，住房贷款增速高位回落，非金融企业及其他部门贷款增速回升，新增中长期贷款占比上升。2015 年货币政策的方向性将更加突出，并且宏观调控政策为应对持续下滑的实体经济，将极有可能进入新一轮的下调利率和下调法定存款准备金率的“双降”周期，这在近期就有所表现，中央银行仅在 2015 年春节前后，就先后下调了金融机构法定存款准备金率和人民币存贷款利率，以期宽松且存在差异性的货币政策的推出，将一定程度上降低实体经济融资成本，改善小微企业发展环境。2015 年第一季度金融机构贷款余额风险值为 35，维持在“风险关注”区间。预计 2015 年第二季度风险值为 55，进入到“有风险”区间；2015 年第三季度风险值为 60，维持在“有风险”区间。

2014 年第四季度以来，中国股票市场呈现一轮上涨行情，市场情绪也有所调动。2014 年 11 月 22 日和 2015 年 3 月 1 日，中国央行先后两次下调了金融机构人民币贷款和存款基准利率，2015 年 2 月 5 日起下调金融机构人民币存款准备金率 0.5 个百分点，同时制定了定向降准措施，可以预见适度宽松的货币政策将对证券市场的资金面起到一定的支撑作用。但本轮股市的上涨为估值修复和改革预期叠加所产生的牛市行情，目前市场的估值修复已经基本完成，而对改革红利的预期能否实现将成为影响股市下一步走向的关键因素。基于此，2015 年中国资本市场将面临很大的不确定性。2015 年第一季度证券市场风险值为 68，维持在“有风险”区间。预计 2015 年第二季度证券市场风险值为 72，进入“较高风险”区间，第三季度风险值为 60，回落至“有风险”区间。

进入 2015 年以来，中国经济趋弱的态势仍未有改善的迹象。国内投资增速的不断下滑，消费增长也缺乏热点和持续动力，外贸出口的短暂回暖也并没有给经济趋暖提供良好支撑。虽然近期股市趋热，但是这一方面是由于房地产投资增速下滑限制了投资渠道，一些资金转入股市，另一方面也是由于货币政策有所宽松，前期资金面吃紧的现象有所缓解。但实体经济增长仍显乏力。2015 年中国整体经济运行不容乐观，预计全年经济增长应在 7%左右，通货紧缩风险成为近期各界关注的焦点。

在世界经济运行方面，2015 年对中国经济运行有利的外部因素主要包括全球宽松的货币政策，原油价格持续保持低位，以及美国经济有望继续回暖，这些因素对于改善中国外部发展环境是比较有利的。然而，2015 年也存在一些对中国经济增长不利的风险因素，主要是美国可能实行加息措施，国际资本流动风险将会加大；汇率波动加剧将增大经济运行的外部风险；欧元区以及日本经济运行仍处低位，经济复苏迹象不明显；来自于地缘政治风险的因素仍未很好消除，将进一步加大外部经济风险。

整体来看，2015 年世界经济和中国经济运行都存在较大程度的不确定性。中国经济运行面临的风险因素仍占主导地位，经济新常态下宏观调控的难度也将进一步加大。根据各分项指标计算,2015 年第一季度中国宏观经济运行风险值为 46.59,位于“风险关注”区间;第二季度宏观经济运行风险值为 52.76;第三季度经济运行风险值为 56.05,总体经济运行进入“有风险”区间。

基于前面对国内外经济形势的判断,在未来宏观经济政策的变化方面,本报告将在基本延续上一季度报告判断的基础上,认为 2015 年第二季度及之后的宏观调控政策仍将保持连续性和稳定性,政策着力点将主要集中于保持宏观经济运行的持续稳定,但在具体的政策取向上,政策目标将更倾向于稳定经济增长,并在此基础上努力改善和优化消费环境、促进投资合理增长和结构优化。基于此,宏观调控政策将会在保持连续性的基础上,会适时针对经济运行中出现的新情况和新问题而进行适度预调微调。

具体而言,在财政政策方面,报告仍将基本维持 2014 年第四季度报告的判断,即 2015 年第二季度及之后一段时期内的财政政策将保持积极稳健态势,继续以提高经济增长质量和效益为中心,围绕加快经济发展方式转变这一重要战略部署,适当扩大财政赤字和国债规模以支持民生工程及重大项目的建设,进一步完善结构性减税政策和调整财政支出结构以着力保障和改善民生,同时通过进一步深化财税改革以促进经济转型升级和增强经济内生增长动力。

在货币政策方面,本报告也将基本维持 2014 年第四季度报告的基本判断,即在国内经济增长维持调整态势和通货膨胀没有大的上涨压力的情况下，再考虑到西方主要发达经济体能够继续保持复苏势头的潜在影响等因素，2015 年第二季度及之后，中国人民银行仍将坚持政策的稳定性和连续性，实施稳健的货币政策，并将主要利用公开市场操作及短期流动性调节工具来管理市场上的流动性和提高金融资源配置效率；除此之外，中央银行也将根据对经济运行走势的判断，在必要的情况下对法定存款准备金率进行定向调整。

考虑到 2014 年第四季度的 GDP 增速为 7.3%，并且进入 2015 年以来，宏观经济可能继续走弱的趋势仍为市场主流的预期，无论是政府还是市场主体，在对经济运行新常态的认识趋于一致的情况下，各方对 2015 年宏观经济增长的预期不会高于 2014 年，这在 2014 年 12 月初中央政治局召开的经济工作会议中已经有所表露，本报告推断政府及市场主体都有可能将 2015 年 GDP 的预期增长率确定为 7%上下。考虑到中国目前的通货膨胀水平处在低位运行阶段，总体物价水平的上涨压力较小；另外从银行间同业拆借利率的走势看，银行间资金面总体上仍较宽裕，并不存在明显的流动性短缺；再考虑到 2014 年 11 月以来，中央银行已经前后两次下调了人民币存贷款基准利率，并且在此期间也对法定存款准备金率进行了定向下调，因此本报告认为，中国近期继续下调存贷款利率和法定存款准备金率的可能性较小。但如果经济下滑趋势在接下来的半年内仍没有好转的迹象，则可以预计，下调人民币存贷款利率和法定存款准备金率的可能性将会逐渐变大。

一、国内外经济运行态势及主要热点

（一） 国外经济环境变化

1. 全球经济前景不容乐观

2015 年 1 月 13 日，世界银行（World Bank）发布年度第一份《全球经济展望：获得并利用财政空间》（Global Economic Prospects：having fiscal space and using it）报告。报告说，在 2014 年经过令人失望的又一年后，发展中国家 2015 年有望看到经济增长出现回升，其推动因素包括油价下跌、美国经济走强、全球利率持续低位和一些大型新兴市场国内风险减弱。

世行这份一年两期的旗舰报告预测说，继 2014 年估计增长 2.6%之后，全球经济预计 2015 年可增长 3%，2016 年增长 3.3%，2017 年增长 3.2%。发展中国家 2014 年增长 4.4%，预计 2015 年小幅升至 4.8%，2016 年和 2017 年分别升至 5.3%和 5.4%。若采用 2010 年购买力平价加权则全球增长 2015 年可达 3.6%，2016 年和 2017 年可达 4.0%。

报告说，在这种脆弱复苏表面之下的是对全球增长具有重要影响的日益两极分化的趋势。在美国和英国，随着劳动力市场康复和货币政策继续维持极度宽松，经济活动势头逐渐加快。但是在欧元区和日本，经济复苏始终乏力，金融危机阴魂不散。与此同时，中国正在经历精心管控的经济放缓，2015 年增速预计将放慢至 7.1%，但依旧强健（2014 年增速为 7.4%），2016 年增速预计为 7%，2017 年增速预计为 6.9%。

前景面临的风险向下行一方倾斜，主要因素有四：第一是全球贸易持续疲软;第二是由于主要经济体的利率在不同时段上调可能引发的金融市场波动;第三是低油价对石油生产国的资产负债表造成的压力有多大;第四是欧元区或日本陷入长时期的经济停滞或通货紧缩的风险。

随着劳动力市场逐渐复苏,预算紧缩状况得到缓解,大宗商品价格疲软,而融资成本仍然很低,高收入国家作为一个整体的增长预计 2015 年小幅上升至 2.2%(2014 年为 1.8%),2016 年至 2017 年增长预计为 2.3% 左右。美国的增长预计 2015 年加快至 3.2%(2014 年为 2.4%),2016 年

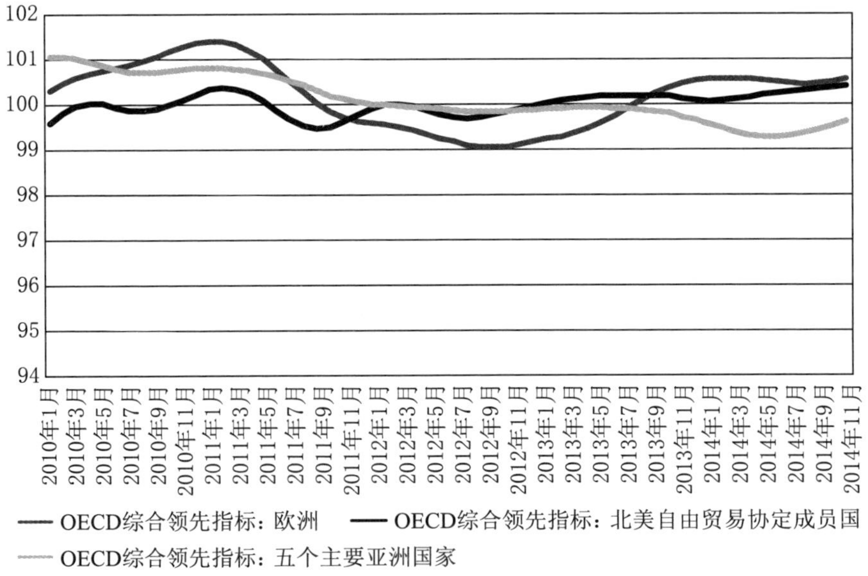

图表 1　OECD 综合领先指数

数据来源:Wind 金融资讯网。

和2017年回落至3.0%和2.4%。在欧元区,令人不安的低通胀可能会证明是长期的。对欧元区2015年的增长预测为缓慢的1.1%(2014年为0.8%),2016年至2017年升至1.6%。日本2015年的增长预计升至1.2%(2014年为0.2%),2016年为1.6%。

2015年,贸易流量可能继续疲软。自全球金融危机爆发以来全球贸易增长显著放缓,2013年和2014年增长不到4%,远低于危机前年均7%的增速。报告分析发现,造成贸易增长放缓的部分原因是需求疲软以及世界贸易似乎对全球经济活动变化的敏感度降低。全球价值链的变化和进口需求构成的改变可能导致贸易对经济增长的反应变慢。

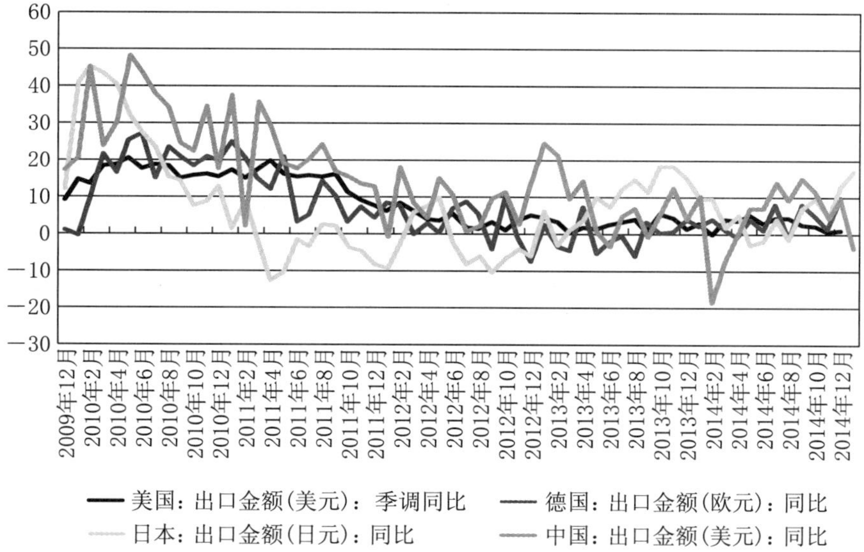

图表2　全球贸易情况(单位:%)

数据来源:Wind金融资讯网。

2014年12月，北美自由贸易协定成员国、亚洲五个主要国家和欧洲OECD综合领先指数分别上升至100.41、99.64和100.56，当月亚洲五个主要国家综合领先指标已连续温和反弹五个月，但仍低于长期潜在趋势100取值。

2014年12月，美国、德国、日本和中国出口金额同比分别增长了1.08%、10.00%、12.83和9.70%，无一下跌，涨幅较上月均有扩大。

2. 美国经济加速复苏

美国经济增长连续两个季度强劲反弹、纽约股市延续第六年上涨、消费者信心升至近8年来新高。美国全国商业经济协会近期进行的调查显示，经济学家预计2015年美国经济增速将达到3.1%，这将是自2005年以来美国年度经济增速首次突破3%。国际货币基金组织此前也预计2015年美国经济将增长3.1%。美联储则相对保守，预计2015年美国经济增速为2.6%至3.0%，但也将是本轮金融危机以来美国经济表现最好的一年。

在过去三年时间里，美国的失业率已经从8.6%大幅下降至5.8%，尽管美国失业六个月或以上的失业人数仍旧高于2007—2009年经济衰退周期以前任何时候的水平，但是新增就业岗位的不断增加，以及即将加速的工资增长都预示着美国就业市场将逐渐恢复健康状态。在2014年，美国的就业岗位数量预计增加了近300万个，创下自1999年以来的最大增幅。在企业聘用活动增加的情况下，2015年美国就业岗位预计将继续增加，这将促进消费者支出增长。

2015 年 2 月 8 日，美国联邦储备委员会发布的季调后数据显示，2014 年 12 月美国消费信贷总额约 3.311 83 万亿美元，按年率计算增长 5.37%。

图表 3　美国 GDP 和消费信贷

数据来源：美国商务部、Wind 金融资讯网。

美国劳工部公布，2015 年 1 月季调后非农就业人口增加 25.7 万，预期增加 23.0 万，就业市场表现强劲；失业率小幅上行至 5.7%，因更多人进入劳动力市场寻找工作。

2015 年 1 月，美国消费者价格指数（CPI）较上年同期下降 0.1%，较上月走低 0.9 个百分点；M1 同比增长 8.88%，M2 同比增长 5.97%。

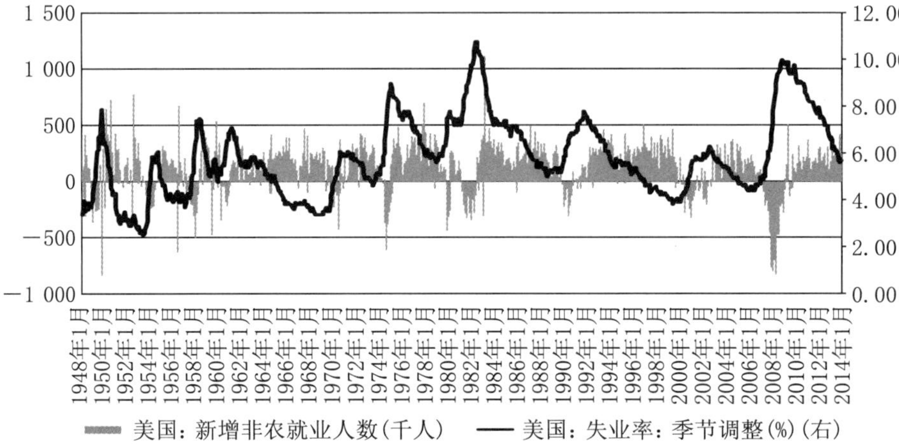

图表 4　美国失业率情况

数据来源：美国商务部、Wind 金融资讯网。

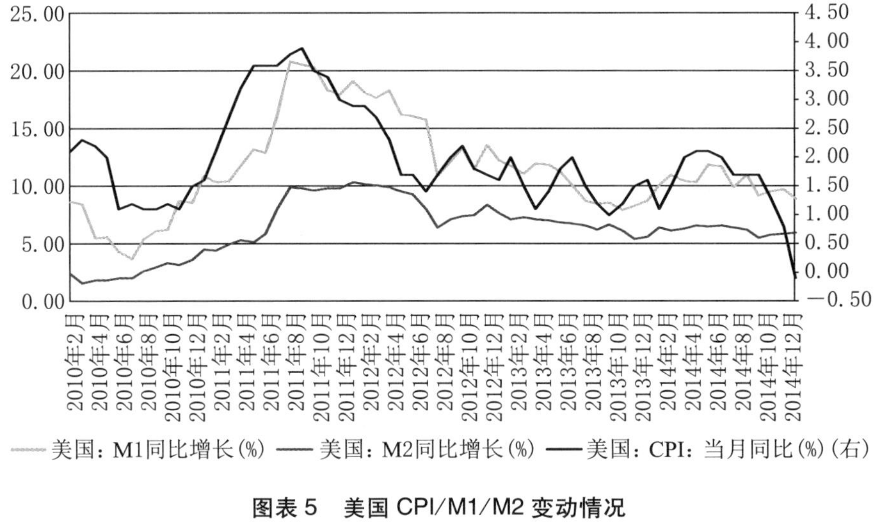

图表 5　美国 CPI/M1/M2 变动情况

数据来源：美国商务部、Wind 金融资讯网。

美国商务部公布,2014 年 12 月份贸易逆差为 465.57 亿美元,比上月增加 68.06 亿美元。2014 年 12 月份名义美元指数为 110.42, 2015 年 1 月份为 112.69。

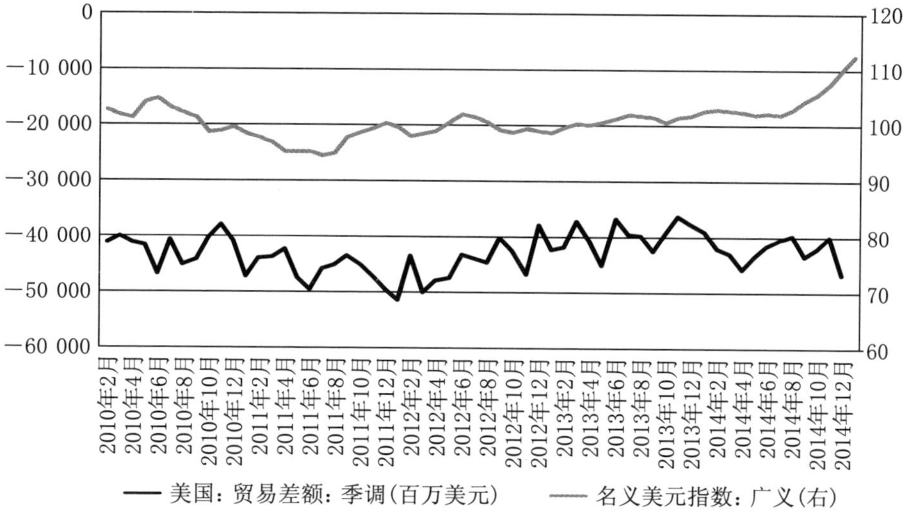

图表 6　美国贸易变动情况

数据来源:美国商务部、Wind 金融资讯网。

2015 年 2 月以来,3 个月期美元伦敦银行同业拆息(Libor)延续走高,而美国 3 个月国债收益率基本持平。2 月 25 日 TED 利差小幅上升至 0.240 9%。

2015 年 1 月,美国供应管理协会(ISM)制造业指数为 53.5,较上月走低 1.6;服务业采购经理人指数为 56.7,比上月攀升 0.2,显示美国经济仍维持扩张势头。

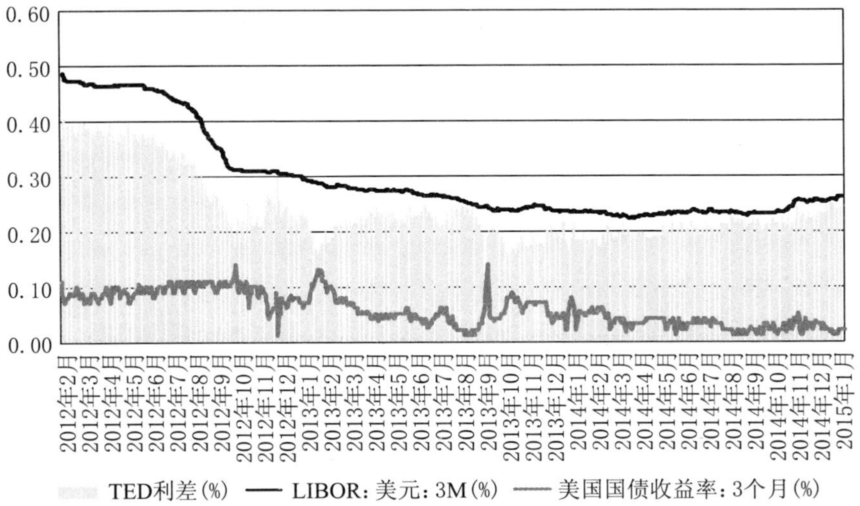

图表7 美国TED利差

数据来源：美国商务部、Wind金融资讯网。

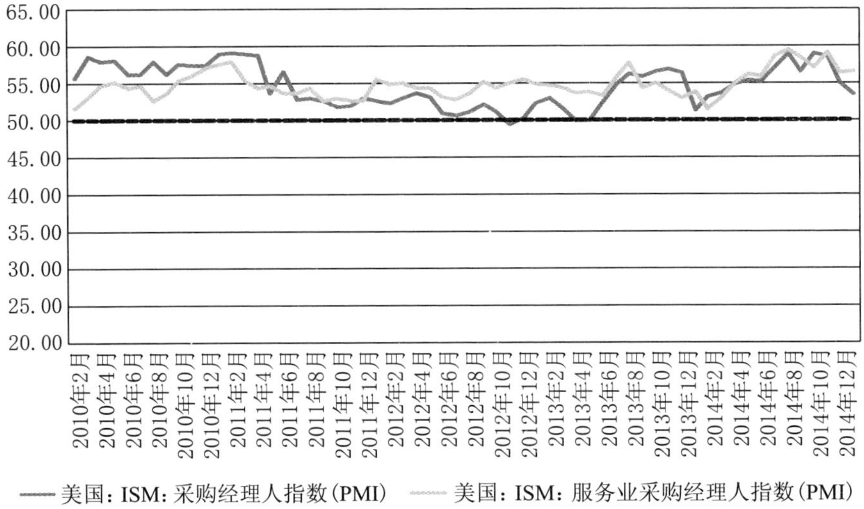

图表8 美国采购经理人指数

数据来源：美国商务部、Wind金融资讯网。

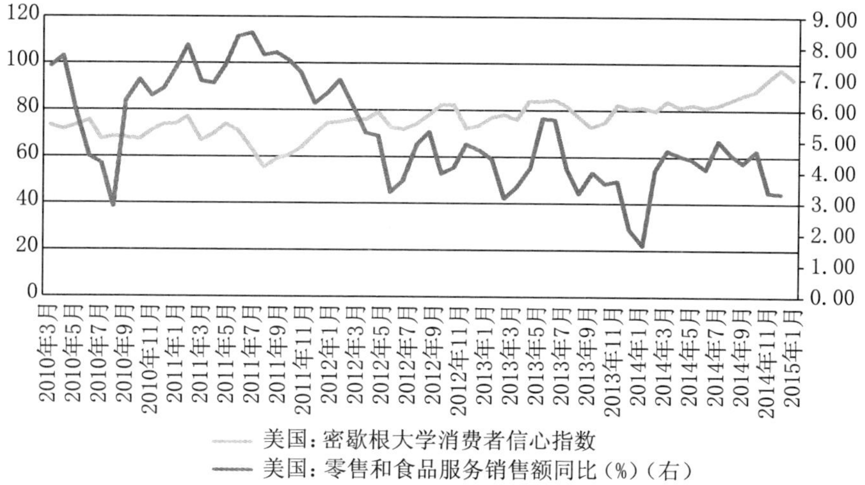

图表 9　美国消费者信心指数

数据来源：美国商务部、Wind 金融资讯网。

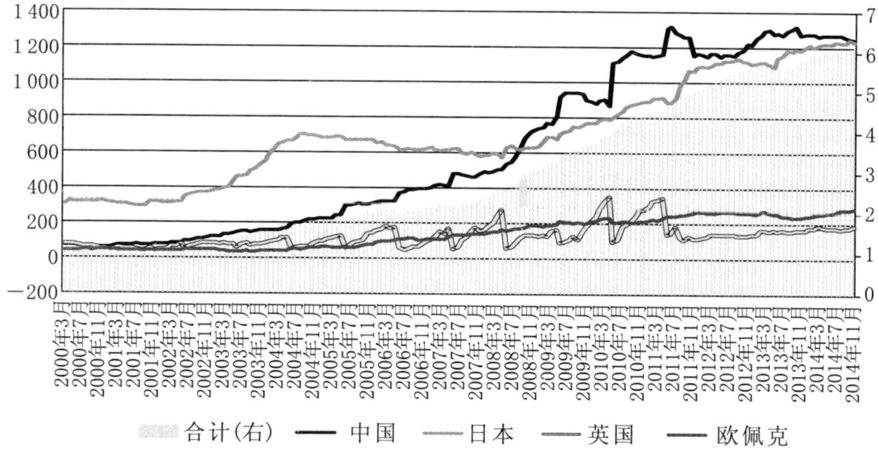

图表 10　美国国债持有情况（单位：10 亿美元）

数据来源：Wind 金融资讯网。

2015 年 1 月，美国零售和食品服务销售同比增长 3.33%，比上月走低 0.01 个百分点。密歇根大学消费者信心指数从 1 月份的 98.2 下降至 2 月份的 93.6，仍处于历史高位。

2014 年 12 月，海外投资者合计持有美国国债 61 537 亿美元，较上月增加 413 亿美元。其中，中国持有 12 443 亿美元，较上月减少 61 亿美元；日本持有 12 309 亿美元，较上月增加 106 亿美元。

3. 欧洲经济回暖

2015 年 2 月 13 日，欧盟统计局公布的数据显示，欧元区 2014 年第四季度 GDP 同比上涨 1.06%，前置 0.96%。2015 年 2 月份欧元区 17 国经济景气指数上升至 102.10。欧元区经济呈现回暖迹象。

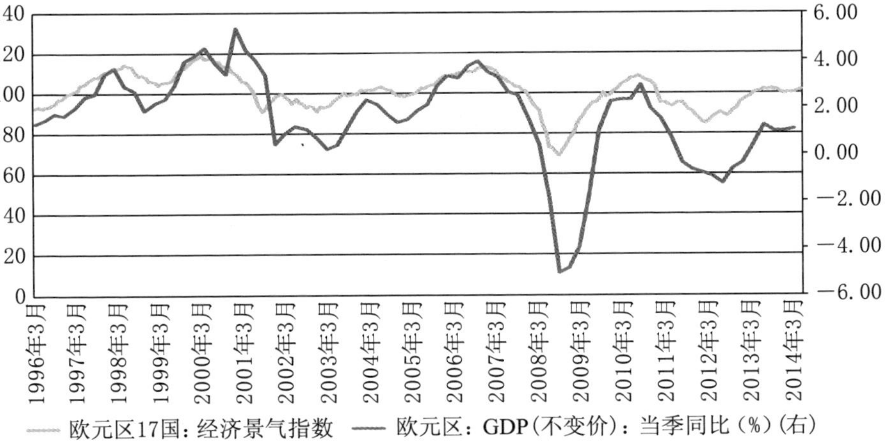

图表 11　欧元区经济景气指数

数据来源：Wind 金融资讯网。

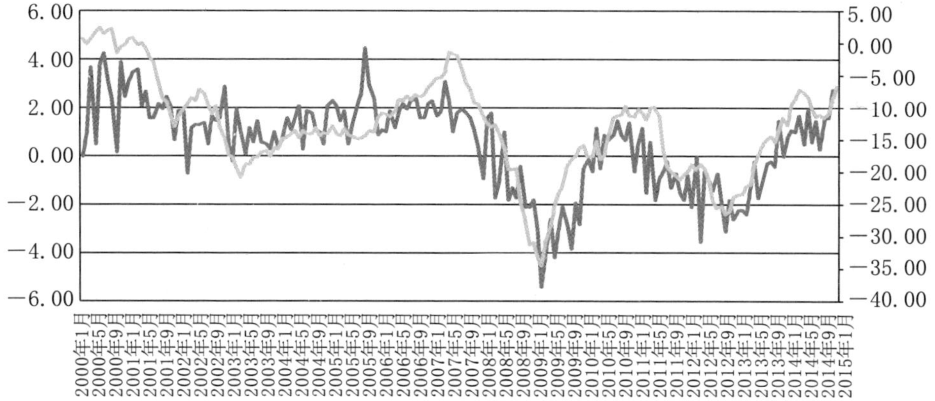

图表 15　欧元区消费者信心指数

数据来源：Wind 金融资讯网。

4. 日本经济转为正增长

2015 年 2 月 16 日，日本内阁府发布 2014 年第四季度 GDP 初值，剔除物价变动因素后比上季度实际增长 0.6%，换算成年率为增长 2.2%，时隔三季度再度转为正增长。

2015 年 1 月，日本制造业采购经理人指数（PMI）为 52.2，较上月攀升 0.2，连续第八个月处于枯荣分界线上方。

2015 年 1 月，日本实际利率为-2.3%，当月消费者物价指数（CPI）较上年同期上涨 2.4%，而隔夜拆借利率保持在 0.1%水平。

图表 16　日本 GDP 增长情况(单位:%)

数据来源:Wind 金融资讯网。

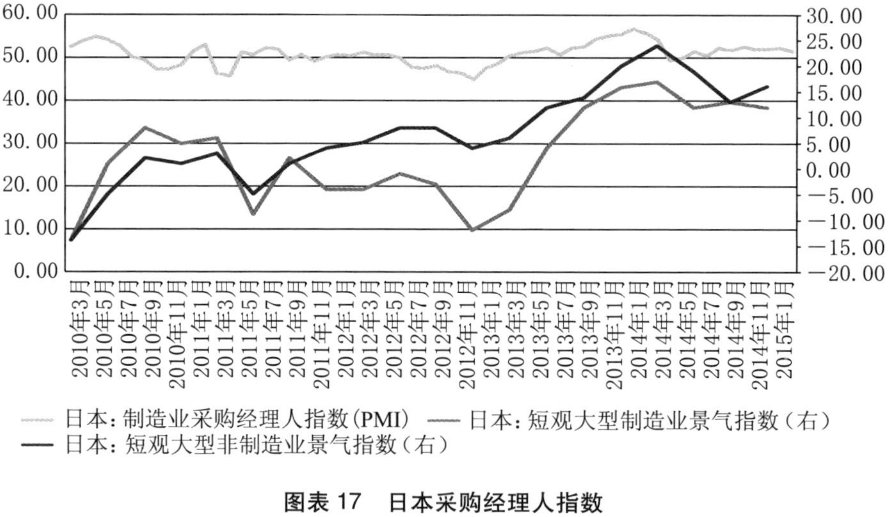

图表 17　日本采购经理人指数

数据来源:Wind 金融资讯网。

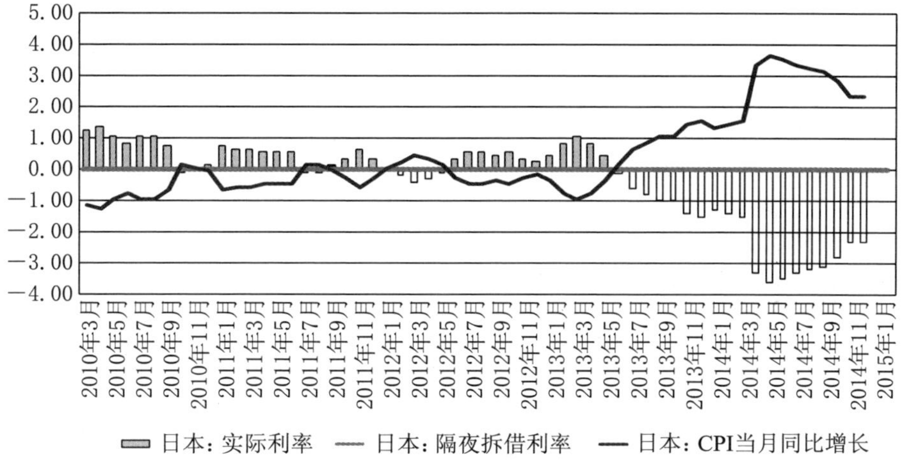

图表 18 日本消费者物价指数(单位:%)

数据来源:Wind 金融资讯网。

5. 大宗商品的价格继续下挫

2015 年 1 月,IMF 全球初级产品价格指数中食用品、能源和金属价格指数分别从上月的 159.64、118.56 和 148.70 下降至 155.24、96.53 和 140.31,能源价格指数跌幅较深。

2015 年 2 月以来,美元指数高位整理,原油价格呈现企稳回升迹象。2 月 27 日,美元指数收于 95.25, WTI 原油期货结算价收于 49.76 美元/桶。

2015 年 2 月以来,强势美元施压大宗商品,基本金属价格多数走低,截至 27 日,铝价下跌 2.4%,锌价下跌 2.5%,而铜价逆市上涨 7.3%。

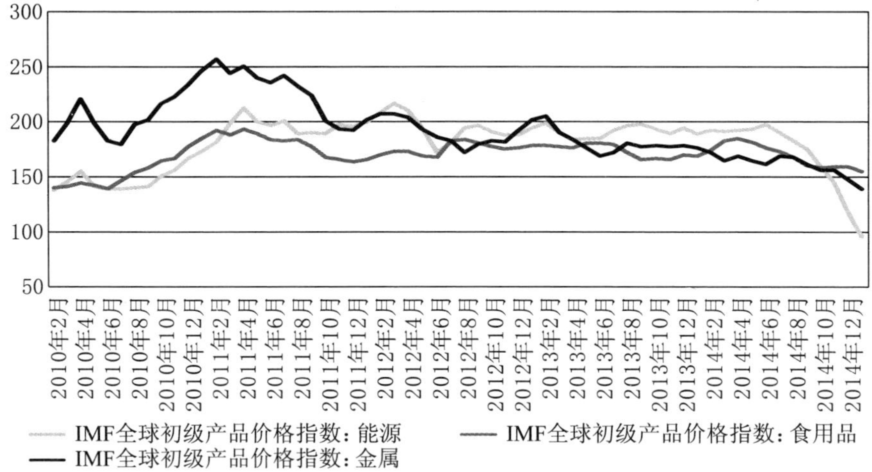

图表 19　IMF 初级产品价格指数

数据来源：Wind 金融资讯网。

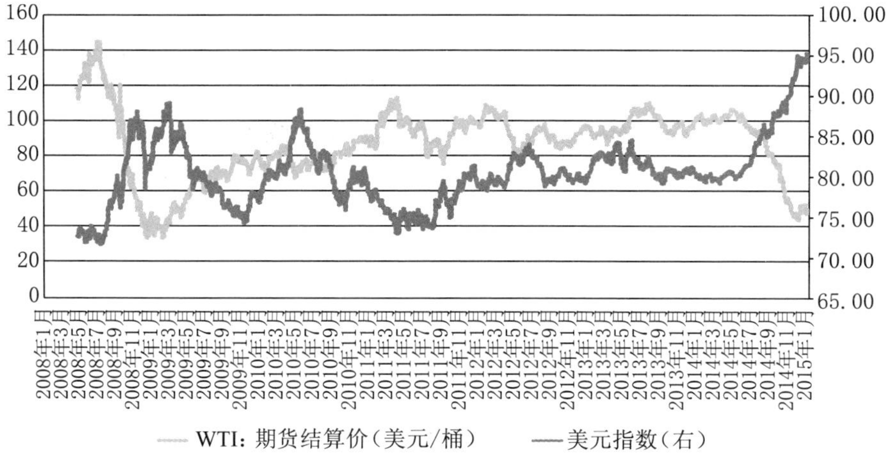

图表 20　美元指数和原油价格

数据来源：Wind 金融资讯网。

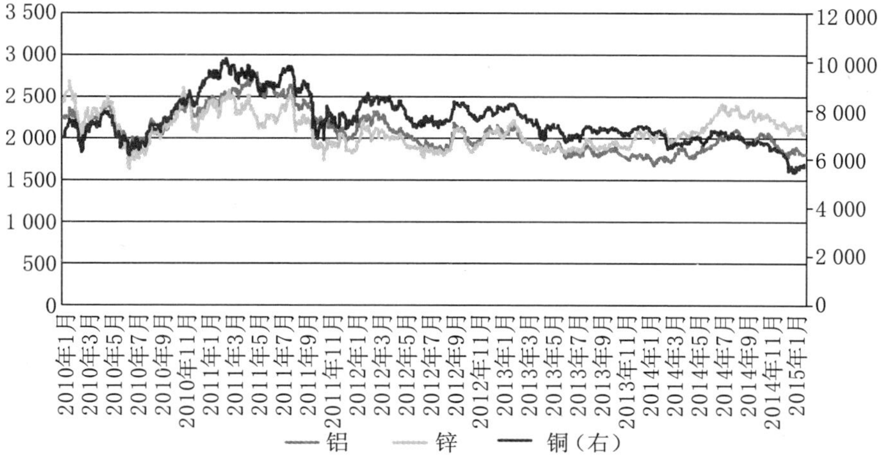

图表 21　LEM 有色金属价格(单位:美元/吨)

数据来源:Wind 金融资讯网。

(二)　国内经济运行态势及特点

1. 中国经济进入新常态

2014 年,中国 GDP 实现 63.65 万亿元,增长 7.4%,符合年初增长 7.5%左右的政策目标。但短期内经济下行压力较大。李克强曾表示,中国必须适应增长较为缓慢的"新常态",摆脱依赖建筑业和重工业的增长模式。从需求方面看,消费、投资和净出口增速都有不同程度下降,其中房地产开发投资增速下滑过快,成为拖累经济增长的主要因素。从供给方面看,规模以上工业增加值延续回落趋势,全年累计同比增长 8.3%,增速同比回落 1.4 个百分点。由工业用电量增速、铁路货运量增速和银行中长期贷款增速合成的指数整体回落，全年累计同比为5.83%，增速同比回落1.9个百分点。

2015年，中国经济将继续平稳运行。预计全年经济增速为7.1%左右，CPI涨幅保持在1.8%左右；新增城镇就业岗位1 300万个；固定资产投资继续稳中略降，预计增长14%左右，回落至本世纪以来最低点；消费保持稳定，预计社会消费品零售总额增长12%左右。出口增长6%左右，进口增长4%左右，全年外贸顺差略有扩大，占GDP比重保持稳定。

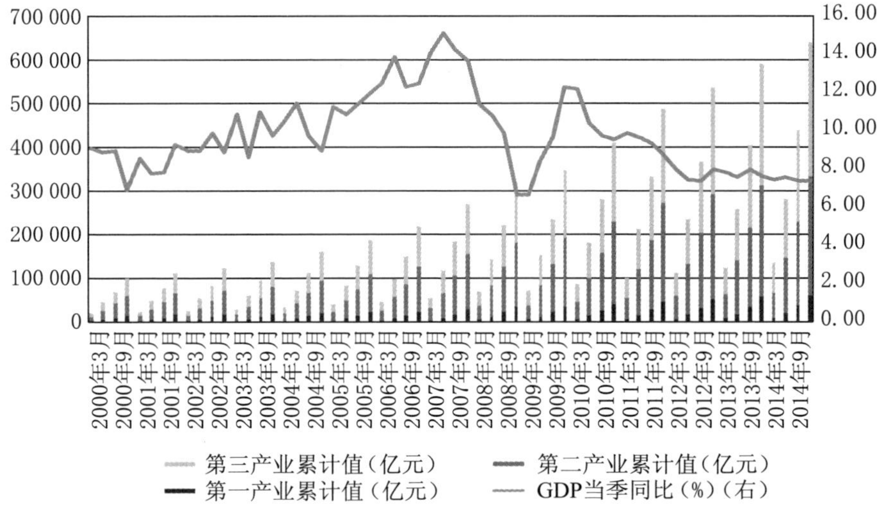

图表22　中国季度GDP变动情况

数据来源：国家统计局。

2015年1月，消费者价格指数（CPI）同比增长0.8%，涨幅较上月回落0.7个百分点；工业生产者出厂价格指数（PPI）同比下降4.3%，连续35个月维持负增长。

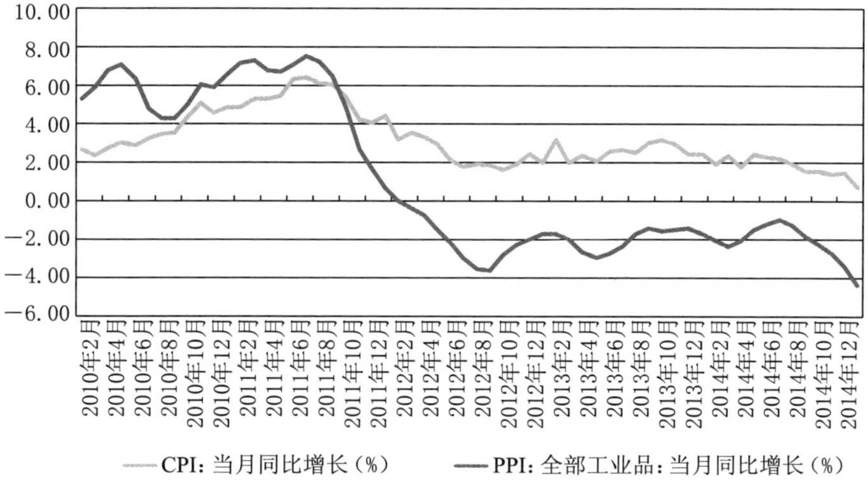

图表 23　中国 CPI 和 PPI 变动情况

数据来源：国家统计局。

2. 通货膨胀继续下降

2015 年 1 月，居民消费价格（CPI）环比下降 0.3%，工业生产者出厂价格（PPI）环比下降 1.1%。其中，食品类价格上涨 1.1%，涨幅较上月下降 1.8 个百分点；非食品类价格上涨 0.6%，涨幅较上月下降 0.2 个百分点。食品价格同比上涨 1.1%，影响 CPI 同比上涨约 0.37 个百分点。肉禽及其制品价格下降 0.8%，鲜菜价格下降 0.6%，粮食价格上涨 2.9%，鲜果价格上涨 3.3%，水产品价格上涨 0.4%，分别影响 CPI 上涨了−0.06、−0.02、0.09、0.08、0.01 个百分点（猪肉价格下降 5.3%，影响居民消费价格总水平下降约 0.17 个百分点）。

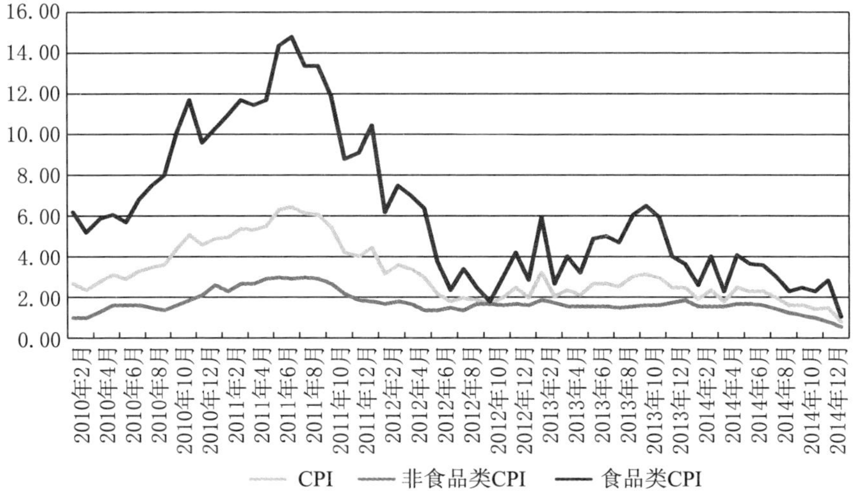

图表24　中国CPI分类构成(单位:%)

数据来源:国家统计局。

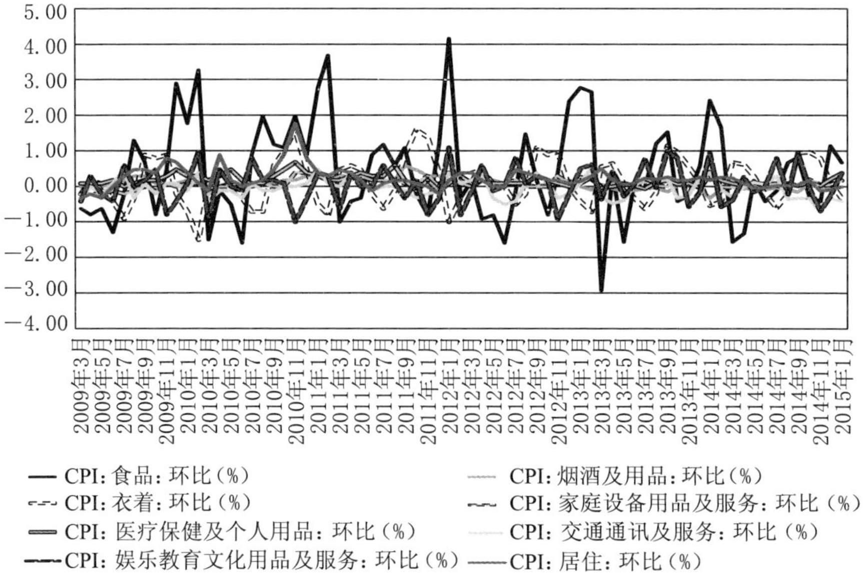

图表25　中国CPI环比变动

数据来源:国家统计局。

2015 年 1 月，CPI 环比下降 0.3%。其中，食品环比上涨 0.7%；居住价格环比持平；衣着环比下降 0.3%；交通通讯及服务环比下降 0.4%；娱乐教育文化上涨 0.4%；医疗保健环比上涨 0.4%。

3. 固定资产投资增速放缓

2014 年 1—12 月，全国固定资产投资（不含农户）502 004.9 亿元，同比名义增长 15.7%。第一产业投资 11 983 亿元，同比增长 33.9%；第二产业投资 208 107 亿元，同比增长 13.2%；第三产业投资 281 915 亿元，同比增长 16.8%。

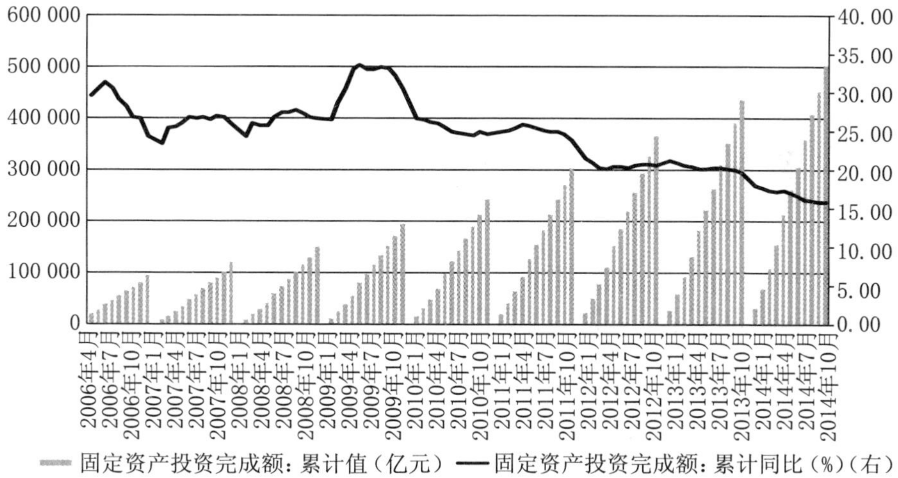

图表 26　中国固定资产投资变动

数据来源：国家统计局。

2014 年第四季度资本形成总额对 GDP 累计同比的拉动为 3.6%;第四季度资本形成总额对 GDP 累计同比的贡献率为 48.6%,比上年同期下降 5.8 个百分点。

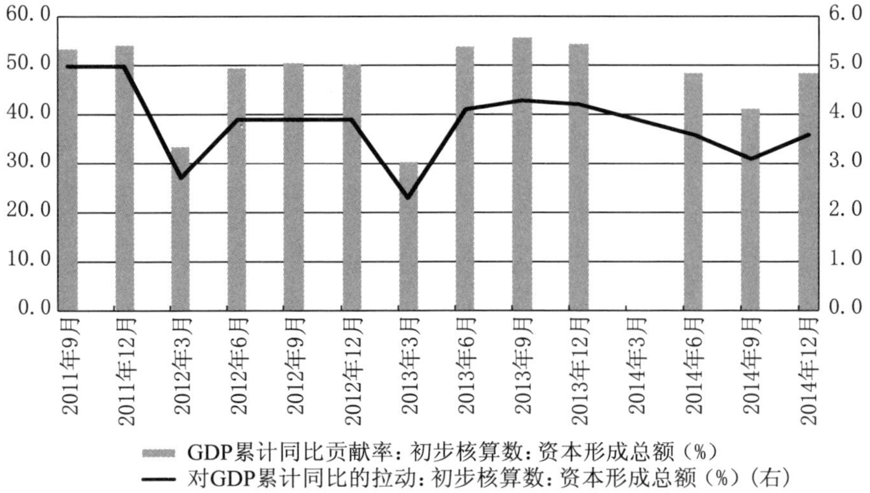

图表 27　中国固定资产投资增速

数据来源:国家统计局。

4. 社会消费持续平稳

全国消费者信心调查结果显示,2014 年 12 月消费者信心指数为 105.8 点,比 11 月上升 0.3 点;消费者满意指数上升 0.6 点至 100.3 点,消费者预期指数上升 0.1 点至 109.1 点。

2014 年 12 月,社会消费品零售总额 25 801 亿元,同比名义增长 11.9%(扣除价格因素实际增长 11.5%)。从环比看,12 月份社会消费品零售总

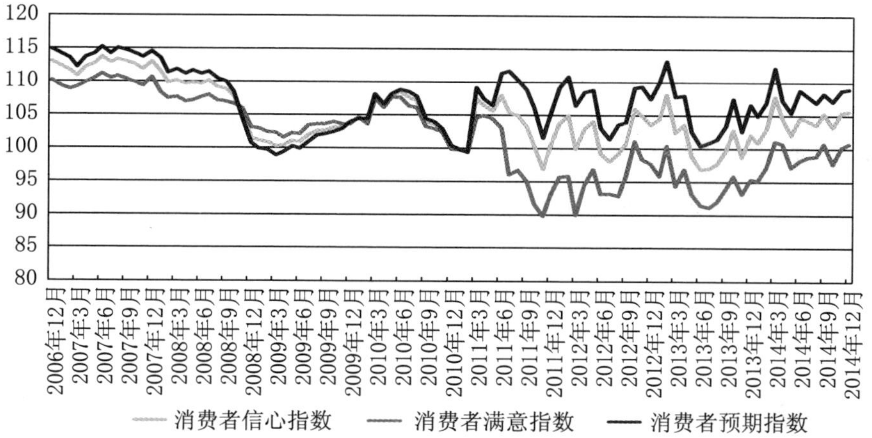

图表 28　中国消费者信心指数

数据来源:国家统计局。

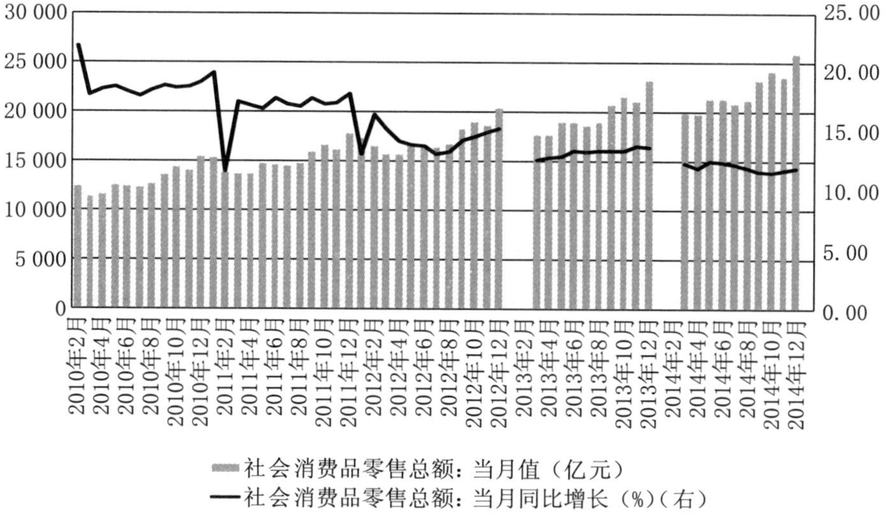

图表 29　中国社会消费品零售总额

数据来源:国家统计局。

额较11月增加9.91%。

5. 贸易出口增幅下滑

海关总署公布,2015年1月份出口总额2 002.58亿美元,同比下降3.3%。

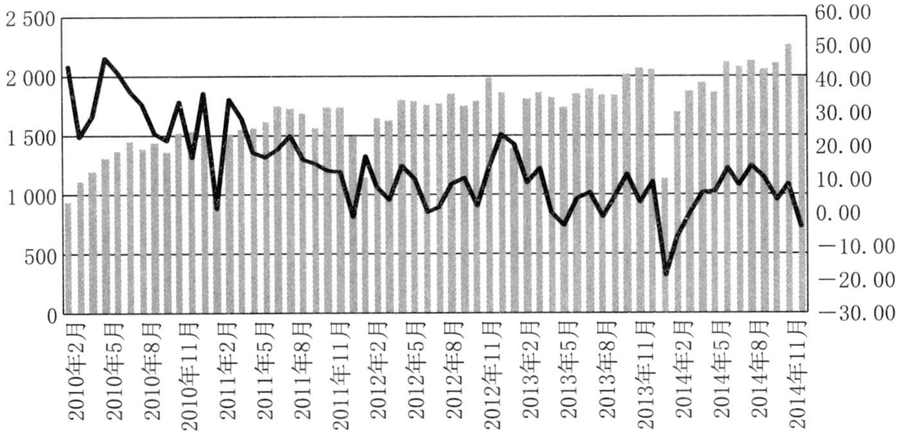

图表30 中国出口贸易情况

数据来源:国家统计局。

2015年1月,进口商品总额1 402.26亿美元,同比减少19.89%;贸易顺差为600.32亿美元,扩大87.6%。

2015年1月,中国累计向美国出口额353.13亿美元,累计向欧盟出口额337.82亿美元,累计向日本出口119.45亿美元。

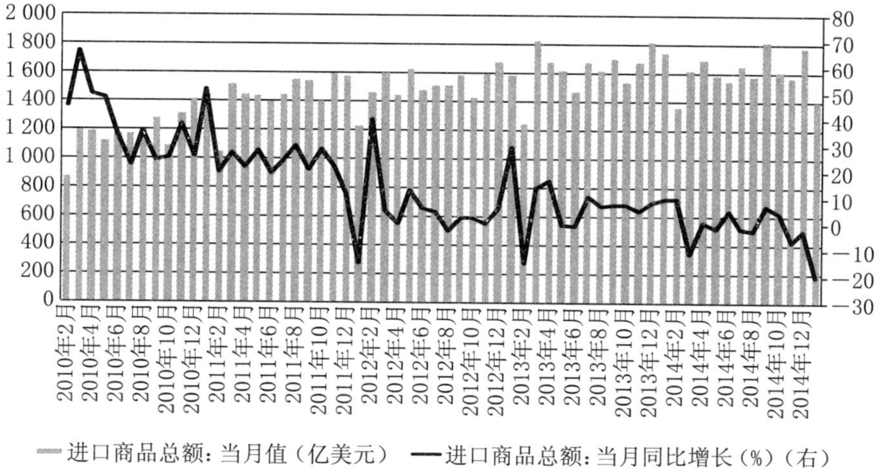

图表 31　中国进口贸易情况

数据来源：国家统计局。

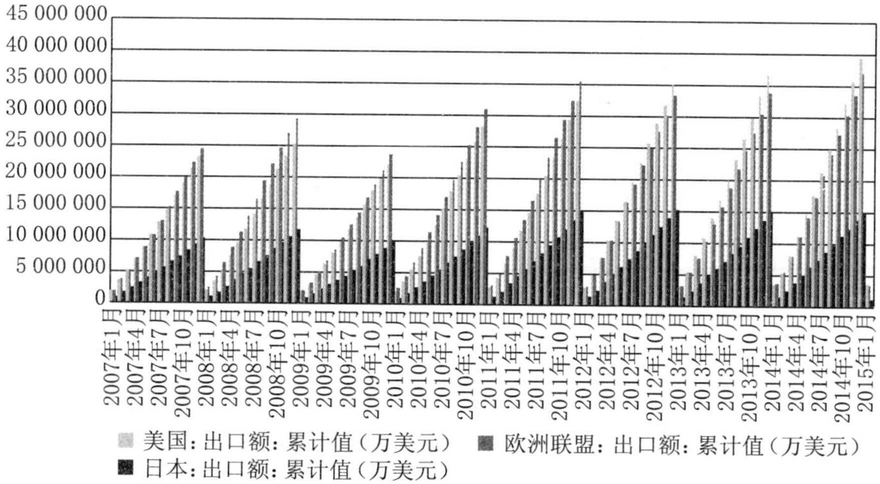

图表 32　中国主要出口贸易国家

数据来源：国家统计局。

6. 央行下调利率

中国人民银行自 2015 年 3 月 1 日起下调金融机构人民币贷款和存款基准利率,金融机构 1 年期贷款基准利率下调 0.25 个百分点,1 年期存款基准利率下降 0.25 个百分点。

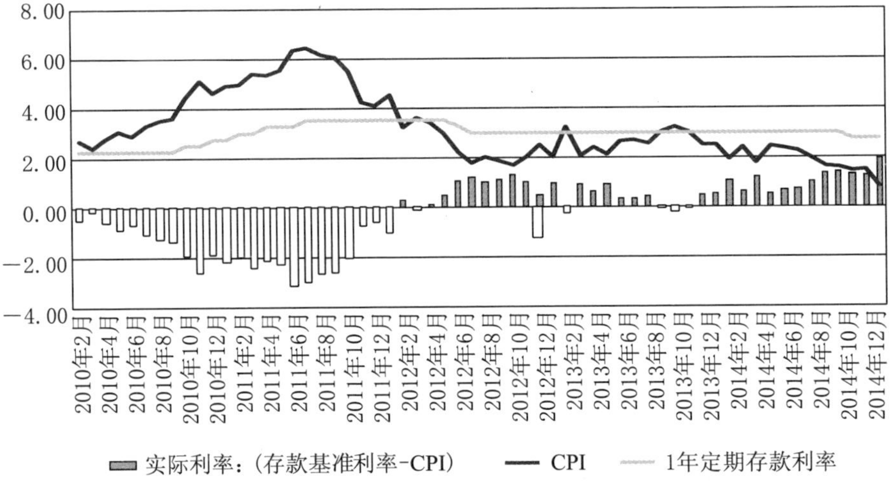

图表 33 中国利率变动情况(单位:%)

数据来源:中国人民银行网站。

综合考虑经济增速、通胀和货币供应量增速走势,2014 年第四季度货币环境的宽松程度(M2 增速−实际 GDP 增速−CPI)为 3.34,较第三季度下降 0.56。

2015 年 1 月末,狭义货币(M1)余额 34.81 万亿元,同比增长 10.6%,较上月高 7.4 个百分点,比上年同期高 9.4 个百分点。

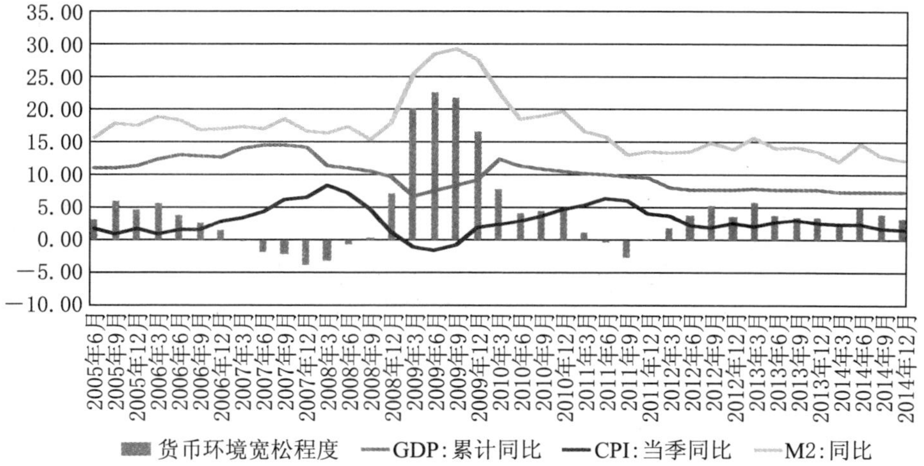

图表 34　中国货币宽松程度(单位:%)

数据来源:中国人民银行网站。

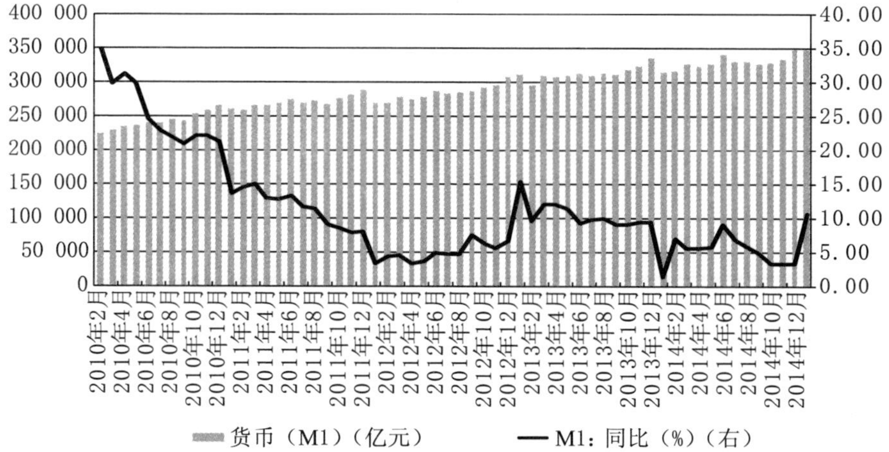

图表 35　中国货币 M1

数据来源:中国人民银行网站。

2015年1月末,广义货币(M2)余额124.27万亿元,同比增长10.8%,增速比上月末低1.4个百分点,比上年末低2.4个百分点。

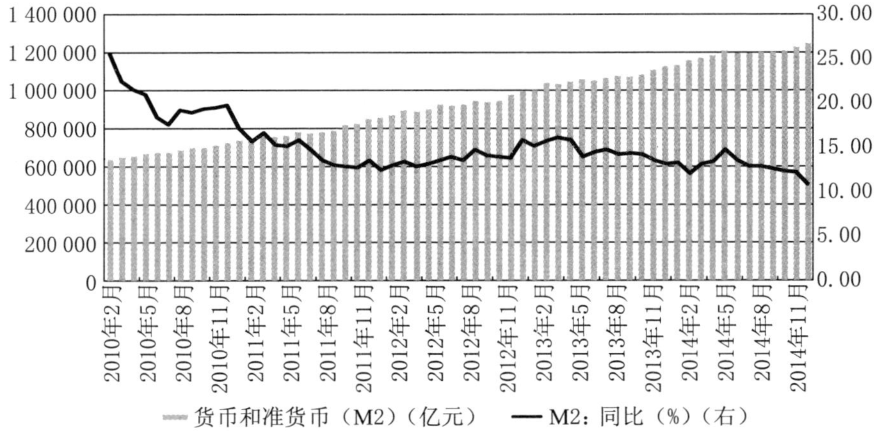

图表36 中国货币M2

数据来源:中国人民银行网站。

二、经济运行风险指数

（一） 经济运行风险指数(RIEO)走势

根据各分项指标计算,2015 年第一季度中国宏观经济运行风险值为 46.59,位于“风险关注”区间。

2014 年下半年以来,中国经济趋弱迹象明显。投资增速降到 18%以下,第四季度只达到 15.8%的较低水平。消费增长也缺乏热点,外贸出口的短暂回暖也并没有给经济趋暖提供良好支撑。虽然近期股市趋热,但是这一方面是由于房地产投资增速下滑限制了投资渠道,一些资金转入股市,另一方面也是由于货币政策有所宽松,前期资金面吃紧的现象有所缓解。但实体经济增长仍显乏力。2015 年中国整体经济运行不容乐观,预计全年经济增长应在 7%左右,通货紧缩风险成为近期各界关注的焦点。

2015 年对中国经济运行有利的外部因素主要包括全球宽松的货币政策,原油价格持续保持低位,以及美国经济有望继续回暖,这些因素对于改善中国外部发展环境是比较有利的。当然,2015 年也存在一些对中国经济增长不利的风险因素,主要是美国可能实行加息措施,国际资本流动风险将会加大;汇率波动加剧将增大经济运行的外部风险;欧元区以及日本经济运行仍处低位,经济复苏迹象不明显;来自于地缘政治风险的因素仍未很好消除,将进一步加大外部经济风险。

整体来看，2015 年世界经济和中国经济运行都存在较大程度的不确定性。中国经济运行面临的风险因素仍占主导地位，经济新常态下宏观调控的难度也将进一步加大。与此相对应，近期央行实行宽松货币政策的意愿越发明显。继 2014 年 11 月下调利率、2015 年 2 月下调存款准备金率之后，2015 年 3 月 1 日起，央行再次下调存贷款基准利率，并且提高存款基利率浮动区间的上限。这对未来稳定经济增长速度将起到一定的助推作用。

预计 2015 年第二季度宏观经济运行风险值为 52.76；第三季度经济运行风险值为 56.05，总体经济运行进入“有风险”区间。

图表 37　中国经济运行风险指数

时　间	RIEO 值	时　间	RIEO 值
2011 年第一季度	32.23	2013 年第三季度	48.81
2011 年第二季度	32.29	2013 年第四季度	43.46
2011 年第三季度	36.17	2014 年第一季度	52.11
2011 年第四季度	36.31	2014 年第二季度	55.36
2012 年第一季度	35.58	2014 年第三季度	50.39
2012 年第二季度	36.21	2014 年第四季度	40.00
2012 年第三季度	36.05	2015 年第一季度	46.59
2012 年第四季度	38.01	2015 年第二季度	52.76
2013 年第一季度	42.03	2015 年第三季度	56.05
2013 年第二季度	47.65		

数据来源：中国立信风险管理研究院。

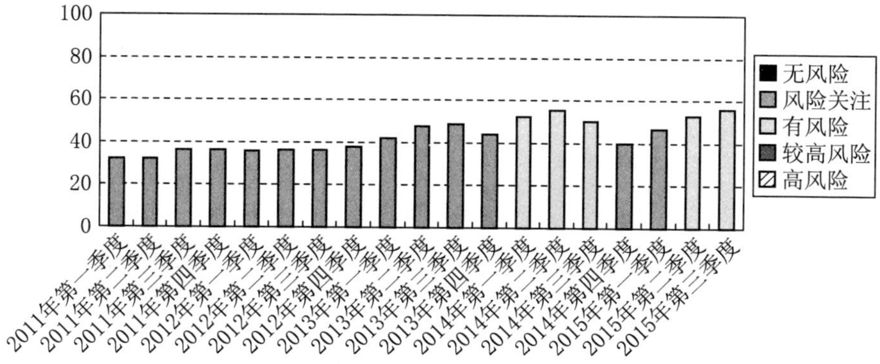

图表 38　中国经济运行风险指数(RIEO)变动趋势

数据来源:中国立信风险管理研究院。

(二) 2015 年第一、第二、第三季度经济运行风险评级

图表 39　经济运行指标风险评级

年　　度	2015		
指　　标	第一季度	第二季度	第三季度
消费品零售增长率	有风险	有风险	有风险
进出口增长率	有风险	有风险	有风险
居民消费价格指数	风险关注	无风险	风险关注
就业增长	有风险	有风险	有风险
外汇储备变动	有风险	风险关注	风险关注
财政赤字	风险关注	风险关注	有风险
金融机构各项贷款增长率	风险关注	有风险	有风险
证券市场	有风险	较高风险	有风险
宏观经济运行	风险关注	有风险	有风险

资料来源:中国立信风险管理研究院。

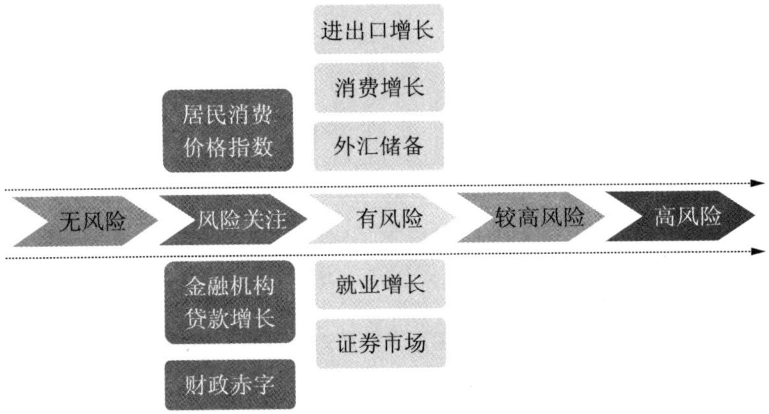

图表 40　2015 年第一季度各指标风险评级

资料来源：中国立信风险管理研究院。

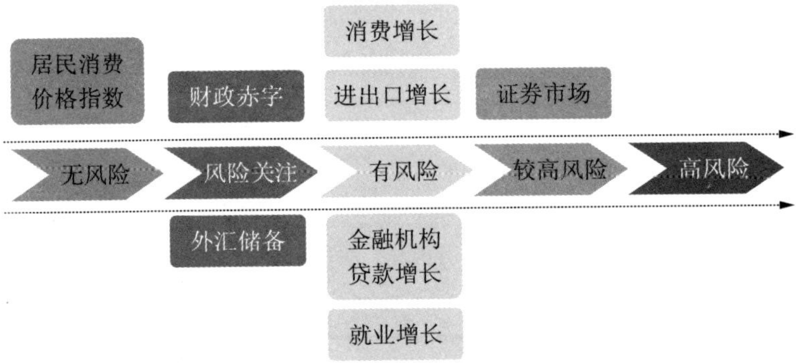

图表 41　2015 年第二季度各指标风险评级

资料来源：中国立信风险管理研究院。

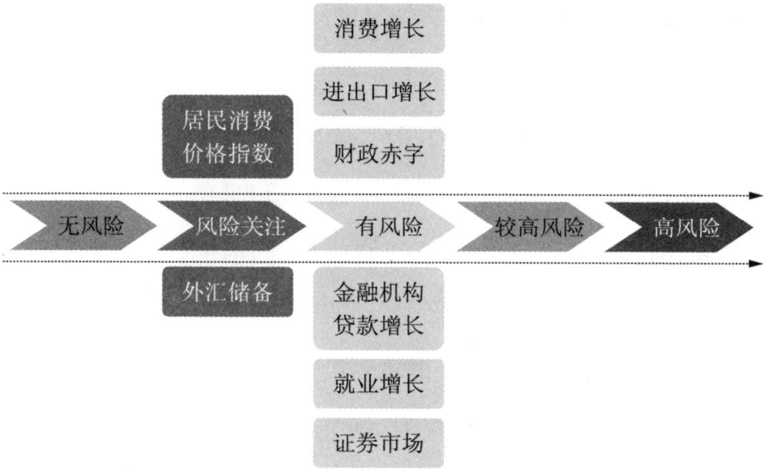

图表 42　2015 年第三季度各指标风险评级

资料来源：中国立信风险管理研究院。

（三）经济运行分项风险指数走势

1. 消费品零售增长率

内需增长是未来中国经济平稳增长、有效缓解经济失速风险的重要依靠力量。近期影响消费增长的因素除了收入增速以外，居民对未来经济运行走势的预期也将是重要影响因素。统计数据显示，2014 年中国消费增速有所下滑，内需增速仍然处于较弱水平。

2014 年全年中国社会消费品零售总额为 262 394 亿元，比 2013 年增长 12%，扣除价格因素后，实际增长为 10.9%，比 2013 年增速下滑 0.6 个百分点。统计数据显示，城镇消费品零售额为 226 368 亿元，增长 11.8%；乡村消费品零售额 36 027 亿元，增长 12.9%，乡村消费增速明显快于城镇，但二者增速均低于 2013 年水平。按照消费类型统计，商品零售额 234 534 亿元，增长 12.2%，低于 2013 年增长 13.6%的水平；餐饮收入额为 27 860 亿元，增长 9.7%，高于 2013 年增速 9%的水平。从销售渠道来看，2014 年全年网上零售额 27 898 亿元，比 2013 年增长 49.7%，电子商务销售渠道将成为未来中国消费增长的重要助推力量。

从当前中国消费结构变化来看，改善型和享受型消费占比有所提高，消费表现出较强的升级趋势。在居民人均消费支出中，交通通信和医疗保健支出占比分别比上年提高 0.6 个和 0.3 个百分点。旅游消费增长较快，全年国内游客人次比 2013 年增长 10.7%，国内居民出境人次增长 18.7%。

随着收入分配不断优化，居民可支配收入提高是维持经济长期平稳增长的主要力量。2014 年居民人均可支配收入比上年名义增长 10.1%，扣除价格因素实际增长 8.0%，比人均 GDP 增速高 1.2 个百分点。但由于当前中国宏观经济运行仍不乐观，居民未来收入增长预期与通货膨胀仍存在较大不确定性，未来消费可能仍将继续保持弱势平稳增长的势头。

2015 年第一季度消费品零售增长率风险值为 55，开始进入“有风险”区间。预计 2015 年第二季度风险值为 68，第三季度风险值为 65，保持在“有风险”区间。

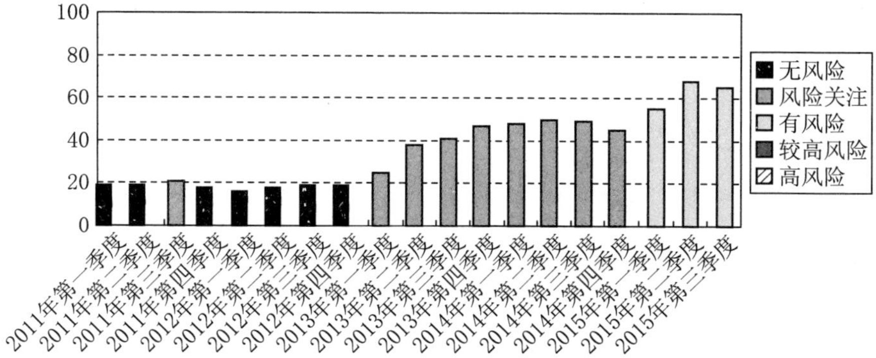

图表 43　消费品零售增长率风险变动趋势

数据来源:中国立信风险管理研究院。

2. 进出口增长率

2014 年美国经济弱势复苏,但是欧元区和日本经济仍然疲弱,全球经济仍处于危机后的恢复期,需求增长乏力,造成中国外贸出口增长显著趋缓。而同时,2014 年中国宏观经济下行,开始进入中低速增长的新常态,对进口的需求也不断下降,加之 2014 年全球大宗商品价格明显下跌,中国全年进口有 6 个月为负增长,第四季度整体进口负增长 1.6%。相较于出口而言,进口增长更显乏力。

统计数据显示,2014 年全年中国货物进出口总额 264 334 亿元,比上年增长 2.3%,贸易顺差 23 489 亿元。其中出口 143 912 亿元,增长 4.9%;进口 120 423 亿元,下降 0.6%。进出口差额 23 489 亿元,比上年增加 7 395 亿元,出现了进出口双降趋势下的顺差增长现象。

进入 2015 年,中国外贸增长将面临更加严峻局面。美国虽然基本维持了复苏的趋势,但是其进口需求可能转向其他发展中国家;欧元区和日本经济尚未出现明确的好转迹象。外部需求仍然乏力,中国外贸出口增长面临较大不确定性;中国自身经济仍处于结构调整期,对外部的需求较弱,进口也不会有较快增长。

近期外贸进出口的利好消息是中国的全方位自贸区战略正稳步推进。2015 年 2 月 25 日,中韩双方完成中韩自贸协定全部文本的草签,对协定内容进行了确认。至此,中韩自贸区谈判全部完成。而 2014 年底获批的津闽粤自由贸易试验区将使得中国自贸试验区增加到 4 个,且面积大大增加,扩围扩容后的自贸区将于 2015 年上半年正式启动,这对于进一步促进贸易便利化、推动开放型经济发展将产生深远影响。加之一带一路建设的战略规划,中国外贸发展还是有不少良好机遇的。

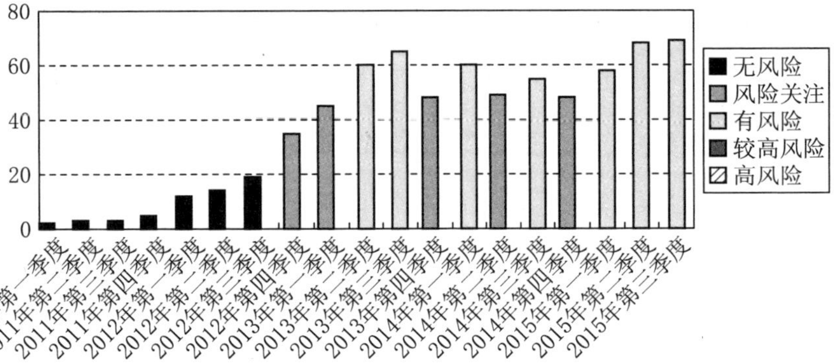

图表 44　出口增长率风险变动趋势

数据来源:中国立信风险管理研究院。

2015 年第一季度进出口增长风险值为 58,进入“有风险”区间。预计 2015 年第二季度风险值为 68,第三季度风险值为 69,维持在“有风险”区间。

3. 居民消费价格指数

2014 年,由于宏观经济运行趋弱,投资增长趋缓,居民消费增长也较为平稳,特别是来自于上游生产环节的价格压力不明显,而且全球大宗商品价格下降,中国全年居民消费价格指数都在低位运行。全年 CPI 同比上涨 2.0%,比 2013 年下降 0.6 个百分点。在影响价格变动的主要因素中,食品价格上涨 3.1%。固定资产投资价格上涨 0.5%。工业生产者出厂价格下降 1.9%。工业生产者购进价格下降 2.2%。农产品生产者价格下降 0.2%。

进入 2015 年以后,价格增速下滑的趋势并未扭转。统计数据显示,2015 年 1 月份,中国居民消费价格总水平同比上涨 0.8%。其中,城市上涨 0.8%,农村上涨 0.6%;食品价格上涨 1.1%,影响居民消费价格总水平上涨约 0.37 个百分点;非食品价格上涨 0.6%;消费品价格上涨 0.5%,服务价格上涨 1.3%。据测算,在 1 月份 0.8%的居民消费价格总水平同比涨幅中,上年价格上涨的翘尾因素约为 0.5 个百分点,新涨价因素约为 0.3 个百分点。

进入 2015 年以来,来自上游生产环节的价格上涨压力依然较小。2015 年 1 月份中国 PPI 环比下降 1.1%,同比下降 4.3%。虽然美国原油价格在 2015 年 2 月份反弹到了每桶 50 美元以上,但是世界主要大宗商品价格仍未出现明显的回涨趋势，中国近期基本没有输入型通货膨胀的威胁。由于居民消费价格持续走弱，近期中国的价格风险主要来自于通货紧缩方面，而不是通货膨胀。

2015 年第一季度居民消费价格指数风险值为 25，维持在“风险关注”区间。预计 2015 年第二季度风险值为 19，保持在“无风险”区间；第三季度风险值为 35，重新回到“风险关注”区间。

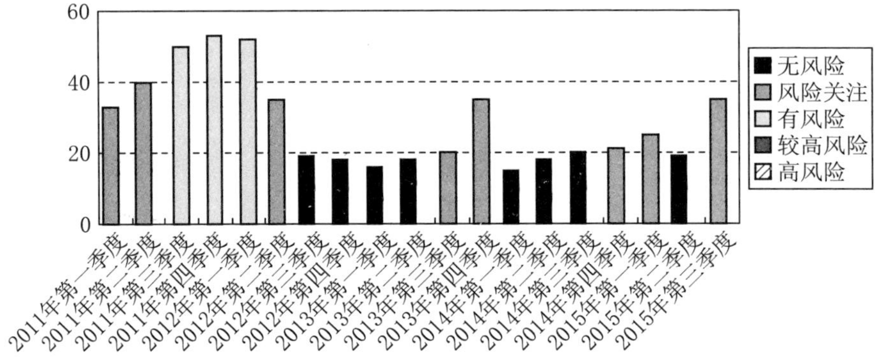

图表 45　居民消费价格指数风险变动趋势

数据来源：中国立信风险管理研究院。

4. 就业增长

中国目前面临的就业矛盾主要来自以下几个方面：第一，产能过剩和产业升级与劳动力数量及质量之间的矛盾。由于长期以来依靠高投资增速促进经济增长，在低技能领域积累了大量劳动力，当产业结构调整需求出现时，这类劳动力存在摩擦失业的风险。第二，外贸出口需求下降，外贸行业发展不景气,部分外资在全球化配置过程中转移到其他东南亚国家,使得对劳动力的整体需求下降。第三,前 20 年不断高速增长的住房价格,使得劳动者对收入的要求不断提高,生活成本的上升整体抬高了劳动力要素价格。这进一步恶化了劳动力供求双方的匹配关系。

另外,中国整体宏观经济趋弱也是影响就业的短期重要因素。2014 年,中国 GDP 同比增长 7.4%。经济增长的新常态成为各界引用率较高的词语。在经济进入中低速增长阶段后,经济增长主要依靠质量提升,而非单纯的规模扩大。就业的增长将在很大程度上受到整体经济增速的制约。预计未来中国就业压力还将继续维持在较高水平。

2015 年第一季度就业风险值为 67,维持在“有风险”等级。预计 2015 年第二季度就业风险值为 69,第三季度风险值为 65,保持在“有风险”区间。

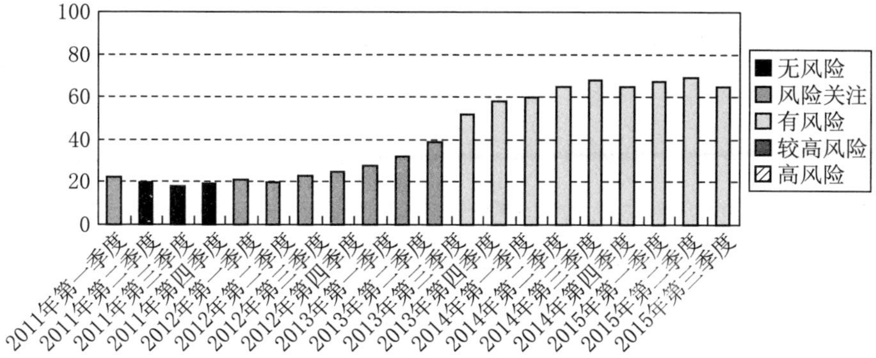

图表 46　就业增长风险变动趋势

数据来源:中国立信风险管理研究院。

5. 外汇储备风险

从外汇储备的主要来源来看,2014年来自于商品贸易顺差的外汇收入大约为3 825亿美元,服务贸易逆差1 599亿美元,实际使用外资金额为1 196亿美元。但是,由于美国经济有所复苏,加之中国鼓励企业对外投资,中国的资本流出也有所增加,全年对外投资为1 029亿美元,比2013年增长了14.1%。在以上因素共同影响下,2014年年末中国外汇储备为38 430亿美元,比2013年末增加217亿美元。外汇储备增长的速度显著下降。

在影响未来中国外汇储备增长的各主要因素中,由于中国规划了一带一路建设,势必进一步扩大对外投资,而外资进行全球配置的意愿会使得流入中国的外商直接投资增速趋缓,2014年中国吸引的外资和对外投资的金额就已经十分接近了,因而,未来外商直接投资对储备总量的贡献会有所下降;虽然2014年中国商品贸易顺差大幅度增长,但是这是在进出口增速双双下降的趋势下出现的,其中一个重要原因是全球大宗商品价格尤其是石油价格暴跌,导致进口支付下降。由于未来出口增长乏力,商品贸易顺差是否能够持续增长还未可知,但是收入不断增长会提升中国居民的境外消费需求,中国服务贸易逆差有着不断增加的趋势。综合以上判断,未来中国外汇储备不会出现快速增长的局面。外汇储备与GDP的比值会不断下降,来自外汇储备的风险将有所减缓。

2015年第一季度外汇储备风险值为58,维持在“有风险”区间。预计2015年第二季度外汇储备风险值为49,第三季度风险值为45,回落至

"风险关注"区间。

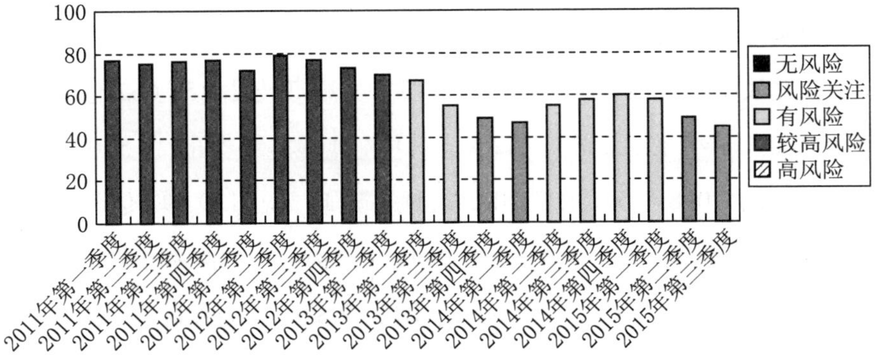

图表 47　外汇储备风险变动趋势

数据来源：中国立信风险管理研究院。

6. 财政赤字

财政收支的基础是经济运行状况。由于 2014 年中国宏观经济运行趋弱，因而财政收入增速有所下降，但是 2015 年宏观经济仍显疲弱，需要财政政策给予支持，财政支出的压力会有所增加。

统计数据显示，2014 年中国一般公共财政收入 140 350 亿元，比 2013 年增加 11 140 亿元，增长 8.6%，增速比 2012、2013 年分别回落 4.3 个和 1.6 个百分点。2014 年影响财政收入的主要因素是工业生产、消费、投资、进出口、企业利润等指标增幅均不同程度回落，增值税、营业税、进口环节税收、企业所得税等主体税种增幅相应放缓。另外，PPI 持续下降影响了以现价计算的财政收入增长。三是房地产市场调整影响扩大，商品房销售额明显下滑，与之相关的房地产营业税、房地产企业所得税、契税、土地增值税等有明显回落。四是扩大营改增试点范围等政策在减轻企业负担的同时对财政形成减收。

在财政支出方面，2014 年中国一般公共财政支出 151 662 亿元，比上年增加 11 449 亿元，增长 8.2%。其中，中央本级支出 22 570 亿元，比上年增加 2 098 亿元，增长 10.2%；地方财政支出 129 092 亿元，比上年增加 9 351 亿元，增长 7.8%。在财政支出构成中，增幅较大的有：医疗卫生与计划生育支出 10 086 亿元，增长 9.8%；社会保障和就业支出 15 913 亿元，增长 9.8%；住房保障支出 4 968 亿元，增长 10.9%；城乡社区支出 12 884 亿元，增长 15.4%；交通运输支出 10 371 亿元，增长 10.9%。

由于 2015 年社会普遍预期经济不容乐观，需要一定程度的积极财政政策支持经济增长，财政支出的压力不断加大，随之而来的财政赤字风险也值得关注。

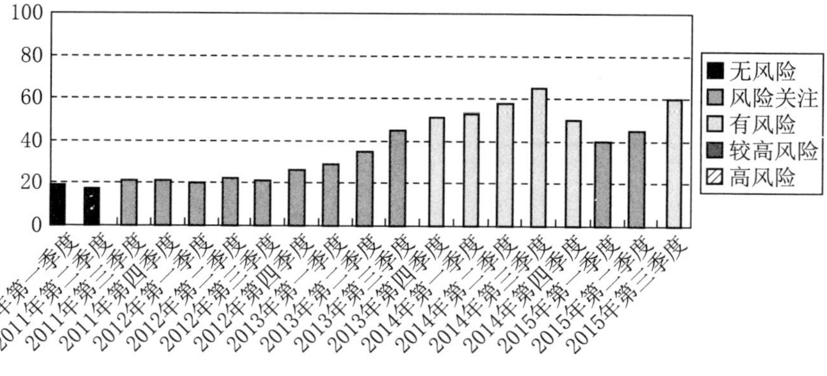

图表 48　财政赤字风险变动趋势

数据来源：中国立信风险管理研究院。

2015 年第一季度财政赤字风险为 40，进入“风险关注”区间。预计 2015 年第二季度财政赤字风险值为 45，维持在“风险关注”区间；2015 年第三季度风险值为 60，进入“有风险”区间。

7. 金融机构贷款余额及贷款增长

统计数据显示，2014 年中国社会融资规模为 16.5 万亿元，按可比口径计算，比 2013 年少 8 598 亿元。2014 年末全部金融机构本外币各项贷款余额 86.8 万亿元，增加 10.2 万亿元，其中人民币各项贷款余额 81.7 万亿元，增加 9.8 万亿元，同比多增 8 900 亿元，增量创历史新高。从增长率指标来看，2014 年，金融机构人民币贷款余额增长率为 13.68%，比 2013 年的 14.51%下降近 1 个百分点。

2014 年影响贷款增速的主要因素中，住户贷款增速高位回落，非金融企业及其他部门贷款增速回升，新增中长期贷款占比上升。

2015 年 1 月末，中国本外币贷款余额 89.29 万亿元，同比增长 13.7%。月末人民币贷款余额 83.70 万亿元，同比增长 13.9%，增速比上月末高 0.1 个百分点，比 2013 年同期低 0.6 个百分点。当月人民币贷款增加 1.47 万亿元，同比多增 2 899 亿元。从贷款发放去向来看，2015 年 1 月份当月对实体经济发放的人民币贷款增加 1.47 万亿元，同比多增 1 531 亿元；当月对实体经济发放的人民币贷款占同期社会融资规模增量的 71.7%，同比高 20.8 个百分点。

2015 年货币政策的方向性将更加突出。中国央行宣布，自 2015 年 2

月 5 日起下调金融机构人民币存款准备金率 0.5 个百分点同时,对小微企业贷款占比达到定向降准标准的城市商业银行、非县域农村商业银行额外降低人民币存款准备金率 0.5 个百分点,对中国农业发展银行额外降低人民币存款准备金率 4 个百分点。2015 年 3 月 1 日央行继续下调存贷款基准利率,并提高存款利率浮动上限。宽松且存在差异性的货币政策的推出,将在一定程度上降低实体经济融资成本,改善小微企业发展环境。

2015 年第一季度金融机构贷款余额风险值为 35,维持在"风险关注"区间。预计 2015 年第二季度风险值为 55,进入到"有风险"区间;2015 年第三季度风险值为 60,维持在"有风险"区间。

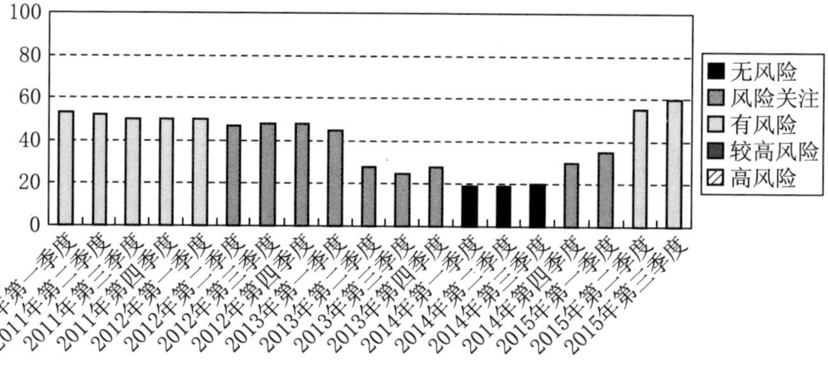

图表 49　金融机构贷款余额风险变动趋势

数据来源:中国立信风险管理研究院。

8. 证券市场

2014 年第四季度以来,中国股票市场呈现一轮上涨行情,市场情绪也有所调动。上证综指从 2014 年 10 月 27 日的近期低点 2 290.44 一路上升至年末交易日的 3 234.68 点,在 2015 年 1 月 5 日的第一个交易日,更是上涨 100 多点,收于 3 350.52 点,在 1 月 24 日达到 3 383.18 点的收盘点数。

截至 2015 年 2 月底,上证综指收于 3 310.30 点,虽比年初的 3 350.52 点略有回调,但仍处于近期较高点位。截止到 2014 年末,中国境内上市公司数量为 2 613 家。包含 A 股、B 股的市价总值为 372 546.96 亿元,较年初上升 56.65%。股票市场的月成交额从 2014 年 1 月的 35 863.73 亿元上升到 2014 年 12 月的 181 362.61 亿元,增长了 3 倍还多。市场交易活跃程度大幅度上升。2014 年年末中国股票市场市值与 GDP 比值约为 58.53%。

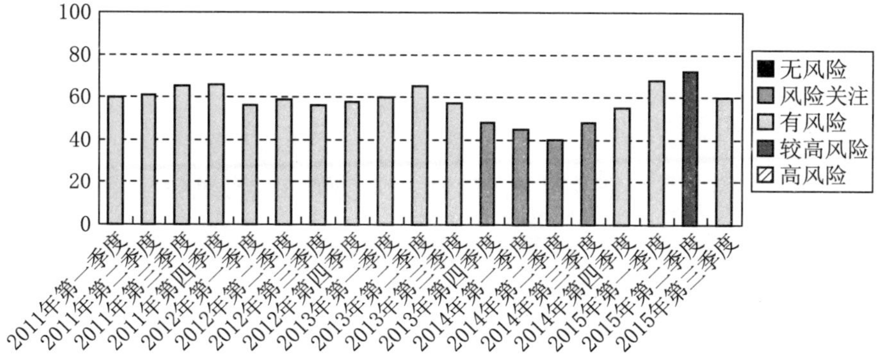

图表 50 证券市场风险变动趋势

数据来源:中国立信风险管理研究院。

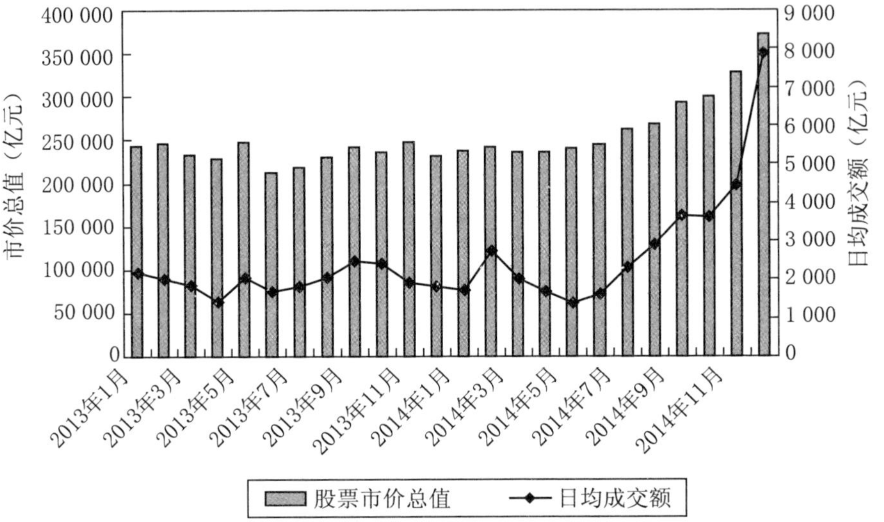

图表 51　中国证券市场股票市价总值及日均成交额

数据来源:Wind 金融资讯网。

2014 年 11 月 22 日起央行下调了金融机构人民币贷款和存款基准利率,2015 年 2 月 5 日起下调金融机构人民币存款准备金率 0.5 个百分点,同时制定了定向降准措施。适度宽松的货币政策对证券市场的资金面将会起到一定的支撑作用。

2015 年第一季度证券市场风险值为 68,维持在“有风险”区间。预计 2015 年第二季度证券市场风险值为 72,进入“较高风险”区间;第三季度风险值为 60,回落至“有风险”区间。

三、经济运行态势预测及宏观调控政策前瞻

（一） 经济运行态势预测

在消费增长方面，根据已经公布的数据，2014 年中国消费增速有所下滑，内需增速仍然处于较弱水平，但与此同时，消费中一个新的亮点正在显现，即网上购物逐渐成为中国消费增长的重要助推力量。从当前中国消费结构变化来看，改善型和享受型消费占比有所提高，消费表现出较强的升级趋势。在居民人均消费支出中，旅游消费增长较快，交通通信和医疗保健支出占比均比上年略有提高。展望 2015 年，随着收入分配不断优化，居民可支配收入提高将是维持经济长期平稳增长的主要力量。但考虑到当前中国宏观经济运行仍不乐观，居民未来收入增长预期与通货膨胀仍存在较大不确定性，未来消费可能仍将继续保持弱势平稳增长的势头。2015 年第一季度消费品零售增长率风险值为 55，开始进入“有风险”区间。预计 2015 年第二季度风险值为 68，第三季度风险值为 65，保持在“有风险”区间。

2014 年美国经济弱势复苏，但是欧元区和日本经济仍然疲弱，全球经济仍处于危机后的恢复期，需求增长乏力，造成中国外贸出口增长显著趋缓。而同时，2014 年中国宏观经济下行，开始进入中低速增长的新常态，对进口的需求也不断下降，进入 2015 年，中国外贸增长将面临更加严峻的局面。美国虽然基本维持了复苏的态势，但是其进口需求可能转向其他发展中国家，而欧元区和日本经济尚未出现明确的好转迹象，这都将导致外部需求乏力，因此 2015 年中国外贸出口增长将面临较大不确定性;与此同时,由于中国自身经济仍处于结构调整期,对外部的需求也不会有大幅度的提升,因此进口也不太可能有较快增长。2015年第一季度进出口增长风险值为58,进入“有风险”区间。预计2015年第二季度风险值为68,第三季度风险值为69,维持在“有风险”区间。

2014年,由于宏观经济运行趋弱,投资增长趋缓,居民消费增长也较为平稳,特别是来自于上游生产环节的价格压力不明显,而且全球大宗商品价格下降,中国全年居民消费价格指数都在低位运行。进入2015年以来,价格增速下滑的趋势并未扭转。来自上游生产环节的价格上涨压力依然较小,世界主要大宗商品价格仍未出现明显的回涨趋势,中国近期基本没有输入型通货膨胀的威胁。由于居民消费价格持续走弱,近期中国的价格风险主要来自于通货紧缩方面,而不是通货膨胀。2015年第一季度居民消费价格指数风险值为25,维持在“风险关注”区间。预计2015年第二季度风险值为19,保持在“无风险”区间;第三季度风险值为35,重新回到“风险关注”区间。

进入2015年以来,中国产能过剩和产业升级与劳动力数量及质量之间的矛盾仍在持续;外贸出口需求下降,部分外资在全球化配置过程中转移到其他东南亚国家,使得对劳动力的整体需求下降;再加上生活成本的上升整体抬高了劳动力要素价格,从而进一步恶化了劳动力供求双方的匹配关系,再考虑到中国整体宏观经济趋弱,这都将影响中国的就业市场,基于此,预计未来中国就业压力还将继续维持在较高水平。2015年第一季度就业风险值为67,维持在“有风险”等级。预计2015年第二季度就业风险值为69，第三季度风险值为65，保持在“有风险”区间。

在影响未来中国外汇储备增长的各主要因素中，由于中国规划了一带一路建设，势必进一步扩大对外投资，而外资进行全球配置的意愿会使得流入中国的外商直接投资增速趋缓，因而，未来外商直接投资对储备总量的贡献会有所下降；另外由于未来出口增长乏力，商品贸易顺差是否能够持续增长还未可知，但是收入不断增长会提升中国居民的境外消费需求，中国服务贸易逆差有着不断增加的趋势。综合以上判断，未来中国外汇储备不会出现快速增长的局面。外汇储备与GDP的比值会不断下降，再考虑到美元不断超强，因此来自外汇储备的风险将有所减缓。2015年第一季度外汇储备风险值为58，维持在“有风险”区间。预计2015年第二季度外汇储备风险值为49，第三季度风险值为45，回落至“风险关注”区间。

2014年，由于工业生产、消费、投资、进出口、企业利润等指标增幅均不同程度回落，增值税、营业税、进口环节税收、企业所得税等主体税种增幅相应放缓；再加上与房地产市场相关的房地产营业税、房地产企业所得税、契税、土地增值税等有明显回落，因而财政收入增速有所下降。进入2015年以来，中国宏观经济仍显疲弱，社会普遍预期经济不容乐观，需要一定程度的积极财政政策支持经济增长，财政支出的压力不断加大，随之而来的财政赤字风险也值得关注。2015年第一季度财政赤字风险为40，进入“风险关注”区间。预计2015年第二季度财政赤字风险值为45，维持在“风险关注”区间；2015年第三季度风险值为60，进入“有风险”

区间。

与2013年相比,2014年中国社会融资规模继续扩大,但按可比口径计算出现了增长速度下滑,在影响贷款增速的主要因素中,住房贷款增速高位回落,非金融企业及其他部门贷款增速回升,新增中长期贷款占比上升。2015年货币政策的方向性将更加突出,并且宏观调控政策为应对持续下滑的实体经济,将极有可能进入新一轮的下调利率和下调法定存款准备金率的"双降"周期,这在近期就有所表现,中央银行仅在2015年春节前后,就先后下调了金融机构法定存款准备金率和人民币存贷款利率,以期宽松且存在差异性的货币政策的推出,将一定程度上降低实体经济融资成本,改善小微企业发展环境。2015年第一季度金融机构贷款余额风险值为35,维持在"风险关注"区间。预计2015年第二季度风险值为55,进入到"有风险"区间;2015年第三季度风险值为60,维持在"有风险"区间。

2014年第四季度以来,中国股票市场呈现一轮上涨行情,市场情绪也有所调动。2014年11月22日和2015年3月1日,中国央行先后两次下调了金融机构人民币贷款和存款基准利率,2015年2月5日起下调金融机构人民币存款准备金率0.5个百分点,同时制定了定向降准措施,可以预见适度宽松的货币政策将对证券市场的资金面起到一定的支撑作用。但本轮股市的上涨为估值修复和改革预期叠加所产生的牛市行情,目前市场的估值修复已经基本完成,而对改革红利的预期能否实现将成为影响股市下一步走向的关键因素。基于此,2015年中国资本市场将面临很大的不确定性。2015 年第一季度证券市场风险值为 68，维持在“有风险”区间。预计 2015 年第二季度证券市场风险值为 72，进入“较高风险”区间，第三季度风险值为 60，回落至“有风险”区间。

进入 2015 年以来，中国经济趋弱的态势仍未有改善的迹象。国内投资增速的不断下滑，消费增长也缺乏热点和持续动力，外贸出口的短暂回暖也并没有给经济趋暖提供良好支撑。虽然近期股市趋热，但是这一方面是由于房地产投资增速下滑限制了投资渠道，一些资金转入股市，另一方面也是由于货币政策有所宽松，前期资金面吃紧的现象有所缓解。但实体经济增长仍显乏力。2015 年中国整体经济运行不容乐观，预计全年经济增长应在 7%左右，通货紧缩风险成为近期各界关注的焦点。

在世界经济运行方面，2015 年对中国经济运行有利的外部因素主要包括全球宽松的货币政策，原油价格持续保持低位，以及美国经济有望继续回暖，这些因素对于改善中国外部发展环境是比较有利的。然而，2015 年也存在一些对中国经济增长不利的风险因素，主要是美国可能实行加息措施，国际资本流动风险将会加大；汇率波动加剧将增大经济运行的外部风险；欧元区以及日本经济运行仍处低位，经济复苏迹象不明显；来自于地缘政治风险的因素仍未很好消除，将进一步加大外部经济风险。

整体来看，2015 年世界经济和中国经济运行都存在较大程度的不确定性。中国经济运行面临的风险因素仍占主导地位，经济新常态下宏观调控的难度也将进一步加大。根据各分项指标计算，2015 年第一季度中国宏观经济运行风险值为 46.59，位于“风险关注”区间；第二季度宏观经济运行风险值为 52.76；第三季度经济运行风险值为 56.05，总体经济运行进入“有风险”区间。

（二） 宏观调控政策前瞻

进入 2015 年第一季度以来，中国国内的宏观经济政策仍将紧紧围绕稳增长、促改革、调结构、惠民生、防风险展开，具体将主要集中于平衡稳定增长、调整结构和促进改革之间的关系，并在此基础上，中央政府竭力持续推动国内经济体制的深化改革和民生的不断改善。但不容忽视的是，由于宏观经济运行仍呈现下行趋势，因此政策当局的宏观调控目标已经逐渐转向稳定经济增长。

在财政政策方面，根据中国财政部的官方口径：2015 年的财政政策将坚持以提高经济发展质量和效益为中心，主动适应经济发展新常态，深入推进财税体制改革，继续实施积极的财政政策并适当加大力度，保持经济运行在合理区间，加快推动转方式调结构，强化风险防控；盘活存量，用好增量，优化财政支出结构，有保有压，确保重点领域特别是民生支出；坚持依法理财，加强财政管理，提高财政资金使用效益，促进经济持续健康发展和社会和谐稳定。具体而言，将充分发挥财政政策的宏观调控功能，促进“三驾马车”更均衡地拉动增长。政府主要通过适当扩大财政赤字和国债规模，以继续加大对城乡基础设施等重点建设项目、“三农”、教育、科技、医疗卫生、社会保障和就业、环境保护和节能环保等经济社会发展薄弱环节的投入；通过进一步调整财政支出结构，加强长期内影响国计民生的重大工程的资金支持力度，同时严格控制对高耗能、高排放行业和产能过剩行业进行投资；进一步深化财税改革，加强中央和地方政府转移支付的清理和整合，推进和完善营改增试点改革，并推进房产税改革和完善消费税制度，通过稳步推进收入分配改革以提高城乡居民特别是中低收入者收入，逐步建立完善地方政府债务融资机制以规范地方政府举债权限，并对地方政府性债务实行限额管理以防范风险。

在货币政策方面，根据中国人民银行连续发布的货币政策执行报告中可以看出，中国中央银行坚持稳中求进、改革创新，继续实施稳健的货币政策，保持政策的连续性和稳定性。坚持“总量稳定、结构优化”的取向，保持定力，主动作为，适时适度预调微调，增强调控的预见性、针对性和有效性，统筹稳增长、促改革、调结构、惠民生和防风险的关系，继续为经济结构调整与转型升级营造稳定的货币金融环境。同时，寓改革于调控之中，把货币政策调控与深化改革紧密结合起来，更充分地发挥市场在资源配置中的决定性作用。针对金融深化和创新发展，进一步完善调控模式，疏通传导机制，通过增加供给和竞争改善金融服务，提高金融运行效率和服务实体经济的能力。

而在具体操作实施中，中国人民银行则综合运用数量、价格等多种货币政策工具组合，健全宏观审慎政策框架，保持适度流动性，实现货币信贷和社会融资规模合理增长；通过盘活存量和优化增量，以支持经济结构调整和转型升级；适时调整金融机构存贷款基准利率，以降低企业融资成本和促进居民消费增长，并通过进一步推进利率市场化和人民币汇率形成机制改革，提高金融资源配置效率和完善金融调控机制；继续推动金融市场规范发展，加大直接融资支持力度，拓宽小微企业融资渠道；深化金融机构尤其是大型商业银行的改革；有效防范系统性金融风险和切实维护金融体系稳定。

基于前面对国内外经济形势的判断，在未来宏观经济政策的变化方面，本报告将在基本延续上一季度报告判断的基础上，认为 2015 年第二季度及之后的宏观调控政策仍将保持连续性和稳定性，政策着力点将主要集中于保持宏观经济运行的持续稳定，但在具体的政策取向上，政策目标将更倾向于稳定经济增长，并在此基础上努力改善和优化消费环境、促进投资合理增长和结构优化。基于此，宏观调控政策将会在保持连续性的基础上，会适时针对经济运行中出现的新情况和新问题而进行适度预调微调。

具体而言，在财政政策方面，报告仍将基本维持 2014 年第四季度报告的判断，即 2015 年第二季度及之后一段时期内的财政政策将保持积极稳健态势，继续以提高经济增长质量和效益为中心，围绕加快经济发展方式转变这一重要战略部署，适当扩大财政赤字和国债规模以支持民生工程及重大项目的建设，进一步完善结构性减税政策和调整财政支出结构以着力保障和改善民生，同时通过进一步深化财税改革以促进经济转型升级和增强经济内生增长动力。

在货币政策方面，本报告也将基本维持 2014 年第四季度报告的基本判断，即在国内经济增长维持调整态势和通货膨胀没有大的上涨压力的情况下，再考虑到西方主要发达经济体能够继续保持复苏势头的潜在影响等因素，2015 年第二季度及之后，中国人民银行仍将坚持政策的稳定性和连续性，实施稳健的货币政策，并将主要利用公开市场操作及短期流动性调节工具来管理市场上的流动性和提高金融资源配置效率；除此之外，中央银行也将根据对经济运行走势的判断，在必要的情况下对法定存款准备金率进行定向调整。

考虑到 2014 年第四季度的 GDP 增速为 7.3%，并且进入 2015 年以来，宏观经济可能继续走弱的趋势仍为市场主流的预期，无论是政府还是市场主体，在对经济运行新常态的认识趋于一致的情况下，各方对 2015 年宏观经济增长的预期不会高于 2014 年，这在 2014 年 12 月初中央政治局召开的经济工作会议中已经有所表露，本报告推断政府及市场主体都有可能将 2015 年 GDP 的预期增长率确定为 7%上下。考虑到中国目前的通货膨胀水平处在低位运行阶段，总体物价水平的上涨压力较小；另外从银行间同业拆借利率的走势看，银行间资金面总体上仍较宽裕，并不存在明显的流动性短缺；再考虑到 2014 年 11 月以来，中央银行已经前后两次下调了人民币存贷款基准利率，并且在此期间也对法定存款准备金率进行了定向下调，因此本报告认为，中国近期继续下调存贷款利率和法定存款准备金率的可能性较小。但如果经济下滑趋势在接下来的半年内仍没有好转的迹象，则可以预计，下调人民币存贷款利率和法定存款准备金率的可能性将会逐渐变大。

专题 1　近期人民币汇率波动分析

2013年底以来，人民币汇率出现了与之前单向升值相异的变化，经过过去几年持续的升值后，人民币出现了贬值现象，考虑到国内外的经济状况，这种现象值得关注，本专题将对人民币汇率的近期走势、导致贬值的可能因素、对中国经济运行风险的影响等方面进行分析。

一、2014年以来的人民币汇率走势

2014年以来，主要货币兑人民币的走势如图表52—图表57所示。经过2014年年初的剧烈波动后，开始了约一个季度的贬值，后重新升值，于2014年11月至今又发生了持续的贬值。

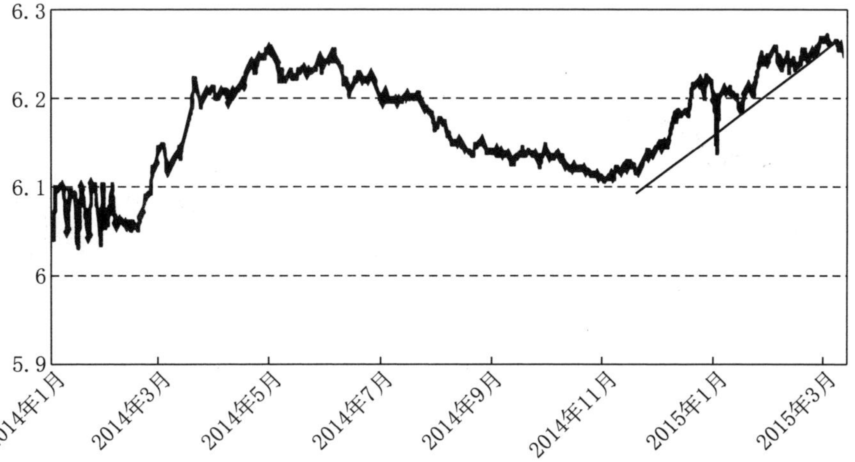

图表52　美元人民币汇率(2014年1月—2015年3月)

数据来源：Wind金融资讯网。

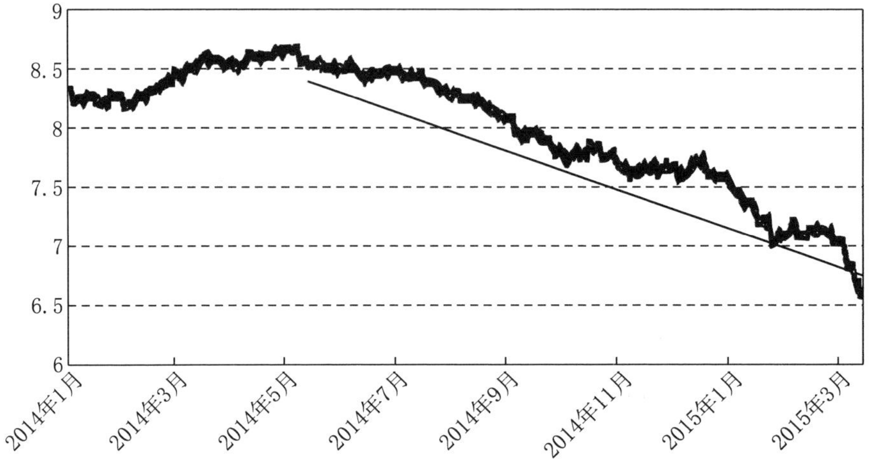

图表 53　欧元人民币汇率(2014 年 1 月—2015 年 3 月)

数据来源:Wind 金融资讯网。

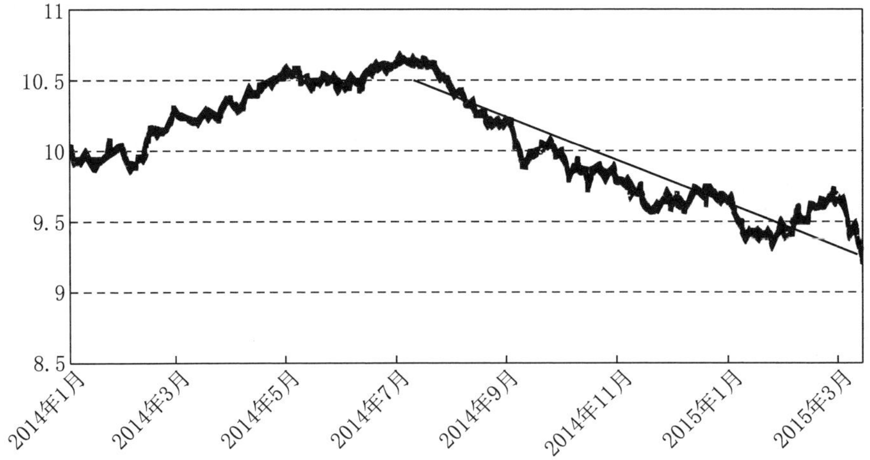

图表 54　英镑人民币汇率(2014 年 1 月—2015 年 3 月)

数据来源:Wind 金融资讯网。

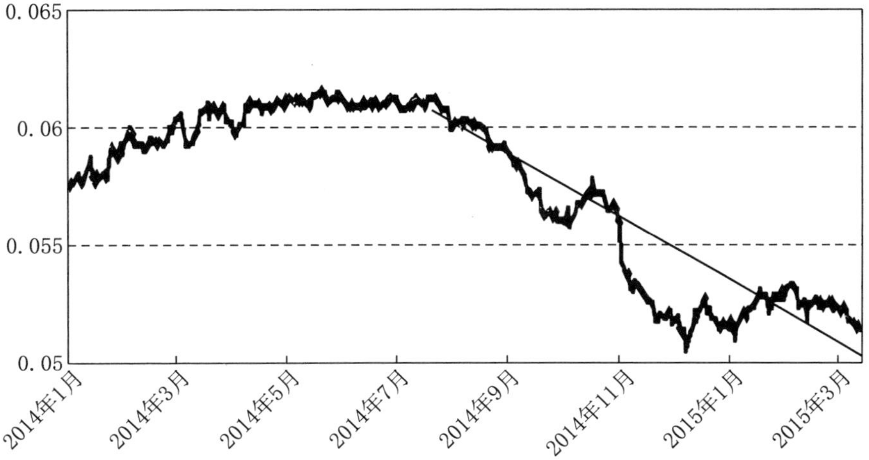

图表 55　日元人民币汇率(2014 年 1 月—2015 年 3 月)

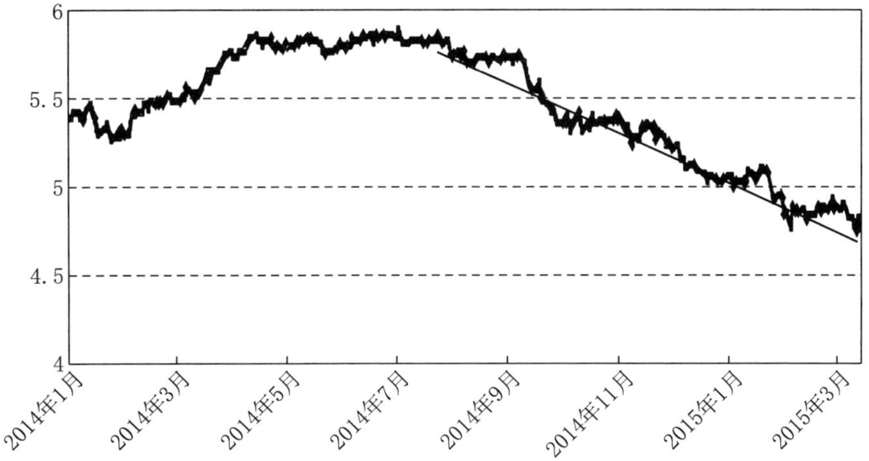

图表 56　澳大利亚元人民币汇率(2014 年 1 月—2015 年 3 月)

数据来源:Wind 金融资讯网。

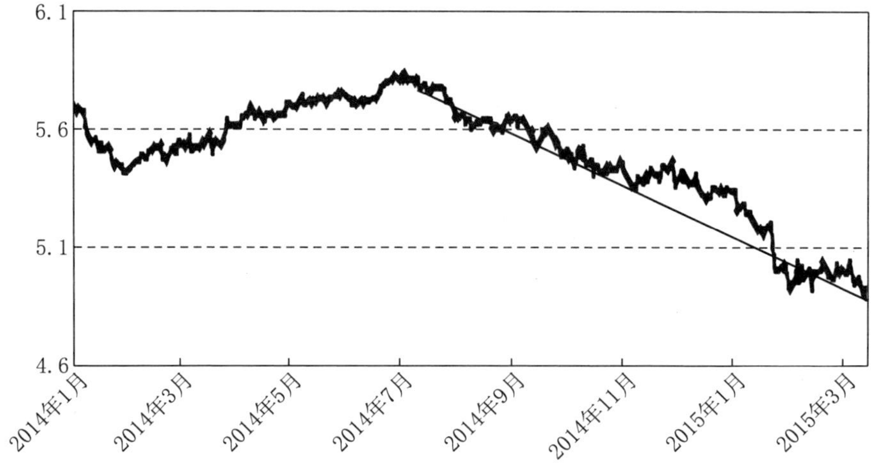

图表 57　加拿大元人民币汇率(2014 年 1 月—2015 年 3 月)

数据来源:Wind 金融资讯网。

另一方面,如图表 52—图表 57 所示,人民币相对于其他主要货币则呈现出升值趋势。近一年中,美元兑人民币低点为 2014 年 1 月 15 日的 6.031 2,最高点为 2015 年 3 月 2 日的 6.286 2,这段时间内人民币兑美元最大贬值幅度为 4.23%。与欧元、日元、英镑、澳元和加元等主要货币的贬值幅度相比,人民币兑美元的贬值幅度相对小得多。

由此可以看出,近期人民币贬值,主要是指对美元贬值,而相对于欧元、日元、英镑、澳元和加元等主要货币,人民币则因对美元贬值幅度不够而相对升值。

二、人民币汇率波动的因素

（一）外因——美元升值

从 2014 年下半年以来，美元指数出现了持续性上升，如图表 58 所示。

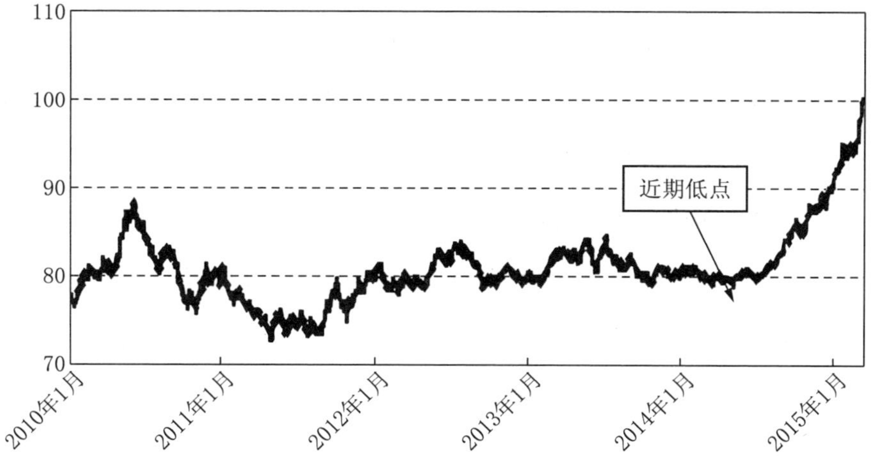

图表 58　美元指数走势（2010 年 1 月—2015 年 3 月）

数据来源：Wind 金融资讯网。

美元指数上升，表明美元相对于其他货币来说发生了普遍性的升值，特别是 2014 年 5 月 8 日美元指数盘中最低点为 78.91，截至 2015 年 3 月 16 日盘中最高点一度达到 100.42，升值幅度达到 27.26%。由此，在美元持续升值的背景下，人民币相对于美元产生一定的贬值就具有合理的因素。

美元走强主要有两大方面的原因。

一是美国因素。2008年开始实施的量化宽松货币政策,拯救了困顿中的金融机构,从而避免了金融系统性危机的爆发。当经济体系出现因信用崩盘而导致的流动性枯竭时,美联储通过量化宽松货币政策直接将货币注入到经济体尤其是金融机构中,会及时有效地补充流动性,避免金融恐慌。美国的这一轮量化宽松政策已经达到目的,对经济产生预期影响,GDP增速由2008年第四季度最糟糕的-8.9%恢复至上个季度的4.6%,失业率也由2012年8月的8.1%降至目前5.9%,达到2008年7月以来的最低水平。在2014年9月17日的美联储发布会上,美联储宣布将在10月底结束资产购买计划。在经济复苏持续向好的态势下,根据伯南克卸任前提出的退出路线图,美联储将把目前超低利率回调至"中性水平",结束QE3也意味着美国货币政策正常化进程将由削减QE进入提高利率的阶段转换。量化宽松的结束既能减少市场上美元的供给,又能强化市场上美国经济复苏的信心,成为美元升值的直接因素。

二是其他国家因素,主要包括日本和欧元区等主要经济体。

首先,日元自2013年4月以来开始实施"安倍经济学",强势推动日元贬值。2014年10月31日中午,日本央行宣布决定将每年基础货币的刺激目标从原先的60万亿—70万亿日元,增加到80万亿日元,扩大正在施行的质化与量化宽松(QQE)规模。日本央行行长黑田东彦在宣布政策时表示,"如有需要,会毫不犹豫地再次采取行动",表示通过大规模宽松政策,日本经济正在一步一个脚印地走出通缩泥潭。这是自2013年4

月以来日本央行首次直接扩大货币刺激规模，显示日本将逐渐加强其宽松政策。

其次，欧元区通胀率自2009年以来首次跌至负值，使得欧元区陷入了技术性通缩境地，迫使欧洲央行提前采取行动以避免经济的进一步下滑。2014年6月11日，欧洲央行将其关键再融资利率从历史低点的0.25%降至更低的0.1%。此外，该行还将其存款利率降低至-0.1%，成为史上首家实施负利率的主要央行，这意味着欧洲央行将向在其账上隔夜存款的商业银行收取利息。此外，隔夜贷款利率从0.75%削减35个基点至0.40%，新利率自2014年6月11日起生效。欧洲央行此次降息，是因为官员们急于防止超低通胀恶化，并造成脆弱的欧元区经济复苏出现脱轨的情况。2014年9月10日，欧洲央行推出新一轮刺激措施，宣布将三个主导利率均下调10个基点以及启动ABS购买计划，以对抗通胀低迷和经济疲软，基准利率现为0.05%，存款利率现为-0.2%；欧洲央行还将2014年欧元区GDP增速预期下调至0.9%，6月份预期为1.0%。2014年9月18日，欧洲央行宣布将定向长期再融资操作（TLTROs）向市场注资826亿欧元，按照计划，欧央行将总计进行八次定向长期再融资操作。这一系列“类宽松”措施效果不显著，全面QE成为了唯一选择，2015年1月22日，欧洲央行宣布从2015年3月起每月购买600亿欧元债券，持续期超过1年，开启了量化宽松模式。

欧洲央行2015年1月22日的决定，很快引起丹麦、加拿大、瑞士、埃及、土耳其、秘鲁和印度等多家央行降息。

在美元因其国内经济因素“主动”升值和其他货币贬值导致的“被动”升值下，美元指数走强，成为人民币贬值的外部因素。

（二）内因——中国经济运行风险

中国经济经过过去快速发展的十年后，近年来开始进入新的增长轨道，同时也积累了各类风险，这是人民币贬值的内部因素。

一是经过过去数年的长期升值后，2013 年前后人民币汇率大体上可能已经进入合理区间。

二是 2013 年以来，中国实体经济增速下行，形成了降息、降准的预期[①]。2010 年以来，中国经济增速逐渐下降，从 2010 年第一季度超过 12%，下降到 2014 年第 4 季度的 7.3%，增速下降了 40%；CPI 也从 2011 年终 6%以上，下降到 2015 年 2 月不足 2%，甚至在 2015 年 1 月低于 1%；PPI 的下降幅度更是惊人，从 2012 年 3 月起就开始低于 0，而且 CPI 和 PPI 均从 2014 年 7 月后出现较明显的持续下降，通缩的压力较大[②]，如图表 59—图表 60 所示。

持续的经济下行和物价水平下滑导致企业利润下降，从而为近年来相对从紧的货币政策的适度放松提供了空间，市场上会因而产生人民币贬值的预期。

---

① 其中 2014 年以来降息已经实现两次，分别是 2014 年 11 月 22 日和 2015 年 3 月 1 日。

② 通胀率在 2014 年底以来显著偏低还有一个重要因素是石油价格下降幅度较大，成本有所下降。

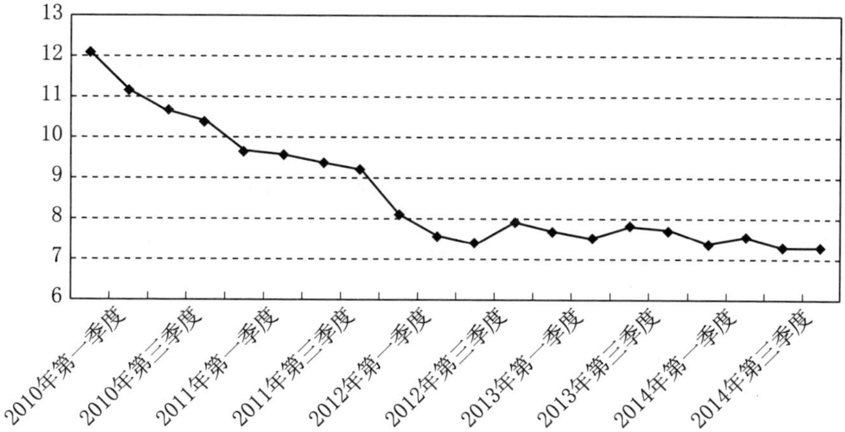

图表 59　中国 GDP 同比增速季度数据

数据来源:Wind 金融资讯网。

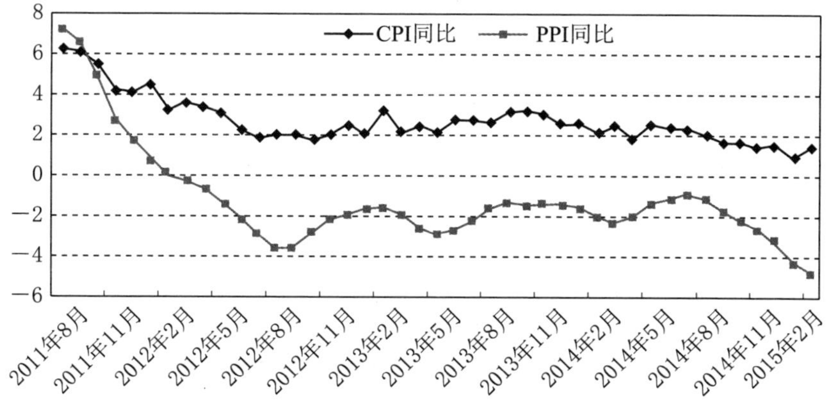

图表 60　中国 CPI-PPI 同比增速月度数据

数据来源:Wind 金融资讯网。

三是房地产、影子银行、地方政府债务等风险因素积累①。近年来中

① 此外,实体经济下行导致银行坏账增多,房价若下跌也有相似风险。

国的影子银行和地方政府债务均积累了较大规模,其中有的影子银行业务风险已经开始释放(如部分信托产品出现了违约),地方政府债务陆续到期。经过2013年快速上涨后,2014年中国的房价上涨速度得到显著遏制,部分地区甚至出现价格下跌,有的二、三线城市库存偏高,由于房地产行业涉及上下游几十个行业,因此,若房价出现快速下跌,对实体经济会带来很大冲击。在这样的预期下,人民币资产的风险溢价有所上升,从而成为人民币贬值的动力。

三、人民币汇率波动对中国经济运行风险的影响分析

(一)贸易

2014年3月以来,中国进出口贸易状况如图表61所示。

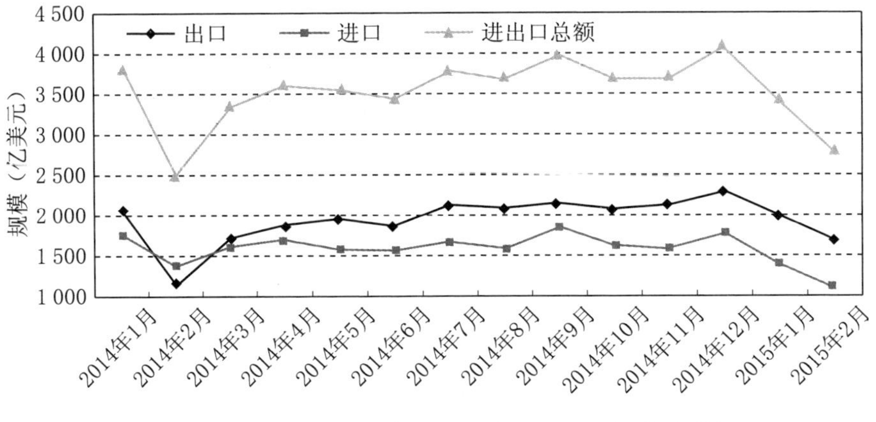

图表61 中国进出口数据(2014年3月—2015年2月)

数据来源:Wind金融资讯网。

可以看出,从2014年第一季度开始,中国的进出口贸易规模相对平稳,到2014年12月为止甚至稳中有升,但2015年1月和2月则规模下降非常显著。

从时间上看,最近这一轮人民币贬值是从2014年11月开始的。考虑到进出口订单交割的滞后性,2015年前两个月的进出口规模下滑与人民币贬值似乎具有相关性,但从经济学原理看看,人民币贬值不是进出口规模下降的直接因素,因为人民币贬值有利于出口,不利于进口,但2015年前两个月则出现了进出口规模同时下降。

一个可能的原因是季节性因素,春节效应和基数效应叠加拉高出口增速,外贸企业一直存在着节前集中出口、节后陆续开工从而集中进口的现象。由于2015年春节较晚(2015年是2月19日,2014年是1月31日),使这个现象在2015年得到放大。由此可见,外贸受人民币汇率波动在短期内效应并未显现出来。

另一种可能的因素则是外贸与人民币汇率受共同的因素影响。如前文分析,中国经济运行风险一方面可能引起人民币在短期内贬值,另一方面经济增速下降导致进口需求下降,而相对于除美元外的全球主要货币来说人民币的升值和春节因素可能导致出口数据下滑。

从长期来看,若人民币持续贬值,则对出口具有正面作用,但短期内的贬值预期可能引起国际收支失衡。

(二)资本跨境流动

人民币对美元贬值将引起资本流出(主要是热钱流出)。首先,人民币升值预期消退，企业结汇意愿减弱、留汇意愿增强。其次，由于境内外利差收窄、汇率双向波动加剧，套利资本消退甚至流出。第三，国内经济乏力、房地产价格低迷，而美元升值，国内企业和居民可能加快海外资产配置。

2014 年第四季度，中国除 FDI 以外的资本流出规模高达 1 600 亿美元；全年资本流出（包括证券投资、其他金融项目流出、经常转移及其他资本外逃）规模高达 3 240 亿美元（约合 2 万亿人民币）。2013 年这一数据是净流入 560 亿美元①。

如果人民币兑美元贬值的预期未发生改变，则会引发持续的资本流出，而资本流出又将引发继续贬值，从而强化贬值预期，极端地，由此可能引发“贬值——预期增强——贬值”的恶性循环，从而为经济运行带来较大风险。

（三）国内货币供求

长期以来，中国的基础货币中外汇占款比重超过 90%，庞大的外汇储备导致庞大的基础货币投放。在中国目前的汇率制度和外汇管理制度下，外汇储备的波动必然会影响基础货币投放的波动。当外汇储备增多时，基础货币投放增大；当外汇储备减少时，基础货币规模有下降的压力。当人民币出现升值预期时，资本流入引起货币供给增加；当人民币出现贬

① 数据来源于瑞银报告。

值预期时，资本流出引起国内货币供给相对减少。

2014 年 5 月，中国外汇储备规模达到 3.983 8 万亿美元的峰值，这其中既有国际贸易的积累，也是资本流入的结果。到 2014 年年底，中国的外汇储备从 3.983 8 万亿美元缩减至 3.843 0 万亿，减少了 1 408 亿美元，外汇储备减少给央行货币政策带来很大压力，使其在利率政策和汇率政策上左右为难：资本外流会导致国内流动性供给收缩，央行需要通过宽松政策来确保流动性供应；但这又可能进一步加剧人民币贬值预期，造成进一步的资本外流，并进一步造成国内流动性趋紧，而释放的货币剂量可能不足以拯救羸弱的实体经济，进而加大了中国经济运行的风险。

四、 人民币汇率波动趋势预测

人民币汇率未来的波动趋势主要取决于三个方面的因素：一是美国的经济状况及货币政策；二是除美国以外的发达国家经济状况及货币政策；三是中国的经济状况。

从美国来看，尽管未来还存在着各种不确定性，但其经济复苏的趋势已经确立，因应对全球金融危机而采取 QE 的非常规手段退出、常规货币政策工具回归成为必然，因此，以目前的情况来看，美元升值或美元指数处于高位的概率仍然较大，也即人民币对美元贬值的主要外因将继续存在。

从美国以外的发达经济体来看，欧元区经济仍处于衰退，再加上希腊等国家的主权债务危机并未消除，而且欧洲央行在 2015 年 3 月刚开始实行欧洲版的量化宽松货币政策，因此，欧元在未来一段时间内持续贬值是大概率事件；日本从 2013 年上半年开始推行"安倍经济学"，经济有了起色，但离复苏尚早，故其在 2014 年 11 月宣布进一步扩大宽松规模。由此可见，这些经济体的经济状况和货币政策，在未来较长时间内都是维持强势的重要因素。

从中国的经济状况来看，2015 年中国的 GDP 增速以 7% 为政策目标，进入新常态后远低于过去十年的增长速度；货币政策中，贷款余额增速目标为 12%，但可根据经济形式进行适度调整。结合目前中国经济发展的现实和已经积累的各种风险，2015 年维持相对宽松货币政策的概率很大，这是人民币相对美元贬值的内部因素。

尽管人民币相对美元来说具有贬值趋势，但与欧元区和日本相比，中国货币政策的宽松程度远不能比，因此，人民币若进一步发生贬值，其贬值幅度比欧元和日元等主要货币贬值的幅度要低一些，从而相对这些主要货币来说维持升值。

五、 结语与政策建议

近期人民币汇率波动，客观上是美元走强的结果。美元走强既是美国经济逐渐复苏的结果，也是欧元区和日本等发达经济体持续采取宽松货币政策的结果。人民币兑美元升值的幅度远低于美元指数上升幅度，相对于欧元、日元等全球主要货币，人民币持续保持升值态势。总体上，近期人民币汇率波动的风险是可控的。

根据我们的分析，2015 年人民币相对美元贬值、相对其他主要货币升值的可能性比较大，这是由美国、欧元区和日本，以及中国自身经济状况共同决定的。人民币相对美元贬值的预期，会通过资本流出的形式对中国经济带来一定的冲击，并对货币政策带来一定困难。为此，我们建议：

（1）稳定人民币汇率预期。短期资本流出的一个重要因素就是货币贬值预期，若短期汇率预期稳定，则以套利为目的的巨额资本流出就可以避免，从而避免货币的剧烈贬值。在短期内，最直接的方法就促使金融市场①、房地产市场发展良好，使资本流出的动机下降。

（2）逐步释放近年来积累的经济风险。近年来中国经济中积累的风险主要是房地产、影子银行等金融风险和地方债务风险，这些风险若不采取措施解决，将可能引发资本流出和人民币贬值（甚至大幅贬值）。这些风险不可能全部都等待经济发展后来消化，这毕竟需要较长时间，因此，逐步释放这些风险缓解压力，有助于降低人民币贬值的概率②。

（3）切实增强实体经济活力，建立人民币汇率稳定的基础。一国的币值与其经济实力密切相关，经济持续稳定增长是汇率稳定的基石。从目前的经济状况来看，建立创新机制，增强经济活力，使经济发展方式真正发生转变，才有助于在长期维持人民币汇率稳定。

---

① 目前，中国股市相对于 2014 年有了快速增长，我们认为股市快速增长对人民币贬值具有抑制作用。

② 2015 年“两会”期间，关于房地产、金融改革和地方政府债务均有相关措施出台，这将有助于风险释放，避免资本大量外逃和人民币汇率剧烈波动的风险。

专题 2　国外研究机构的经济预测

图表62　世界经济展望

年　　份	2012	2013	2014 估计	2015 预测	2016 预测	2017 预测
实际 GDP 增长率(%)						
世界	2.4	2.5	2.6	3	3.3	3.2
高收入经济体	1.4	1.4	1.8	2.2	2.4	2.2
美国	2.3	2.2	2.4	3.2	3	2.4
欧元区	−0.7	−0.4	0.8	1.1	1.6	1.6
日本	1.5	1.5	0.2	1.2	1.6	1.2
英国	0.7	1.7	2.6	2.9	2.6	2.2
俄罗斯	3.4	1.3	0.7	−2.9	0.1	1.1
发展中国家	4.8	4.9	4.4	4.8	5.3	5.4
东亚和太平洋地区	7.4	7.2	6.9	6.7	6.7	6.7
中国	7.7	7.7	7.4	7.1	7	6.9
印尼	6.3	5.8	5.1	5.2	5.5	5.5
泰国	6.5	2.9	0.5	3.5	4	4.5
欧洲和中亚	1.9	3.7	2.4	3	3.6	4
哈萨克斯坦	5	6	4.1	1.8	3.2	4.7
土耳其	2.1	4.1	3.1	3.5	3.7	3.9
罗马尼亚	0.6	3.5	2.6	2.9	3.2	3.9
拉美和加勒比海地区	2.6	2.5	0.8	1.7	2.9	3.3
巴西	1	2.5	0.1	1	2.5	2.7
墨西哥	4	1.1	2.1	3.3	3.8	3.8
阿根廷	0.9	2.9	−1.5	−0.3	1.6	3.1
中东和北非地区	1.4	0.5	1.2	2.5	3	3.5
埃及	2.2	2.1	2.2	3.5	3.8	4
伊朗	−6.6	−1.9	1.5	0.9	1	2.2
阿尔及利亚	3.3	2.8	3	3.3	3.5	3.5
南亚地区	5	4.9	5.5	6.1	6.6	6.8
印度	4.7	5	5.6	6.4	7	7
巴基斯坦	3.5	4.4	5.4	4.6	4.8	4.9
孟加拉国	6.5	6	6.1	6.2	6.5	7

（续表）

年　　份	2012	2013	2014 估计	2015 预测	2016 预测	2017 预测
撒哈拉以南非洲	4	4.2	4.5	4.6	4.9	5.1
南非	2.5	1.9	1.4	2.2	2.5	2.7
尼日利亚	4.3	5.4	6.3	5.5	5.8	6.2
安哥拉	8.4	6.8	4.4	5.3	5	5.2
备注项						
以购买力平价（PPP）计算的世界实际GDP	3.1	3.2	3.3	3.6	4	4
OECD国家实际GDP	1.2	1.3	1.7	2.3	2.4	2.1
非OECD国家实际GDP	3.5	2.4	2.5	0.9	2.4	2.9
不包括金砖五国的发展中国家实际GDP	3.5	4.1	3.5	5	4.9	5.1
金砖五国实际GDP	5.4	5.4	5	5.1	5.5	5.6
世界贸易总量	2.8	3.4	4	4.5	4.8	4.8
非石油商品价格指数	-8.6	-7.2	-3.6	-1.1	0.2	0.3
石油价格	1	-0.9	-7.7	-31.9	4.9	4.7
制造业部门出口值	-1.2	-1.4	-0.2	-0.2	1.9	1.7
6个月美元伦敦同业拆借利率（%）	0.7	0.4	0.3	…	…	…
6个月欧元伦敦同业拆借利率（%）	0.8	0.3	0.3	…	…	…
流向发展中国家的国际资本占其GDP比例						
发展中国家	5	5.9	5.8	5.5	5.3	…
东亚和太平洋地区	4.6	6.4	6.3	5.9	5.5	…
欧洲和中亚	8	7.4	5.4	6	6.2	…
拉美和加勒比海地区	5.4	5.9	6.2	5.9	5.7	…
中东和北非地区	1.8	2.3	1.8	1.8	1.9	…
南亚地区	5.7	4.6	5.4	5.3	5.3	…
撒哈拉以南非洲	5.6	5.2	4.5	4.7	4.8	…

数据来源：World Bank：Global Economic Prospects，Jan.2015.

特别声明

本报告由中国立信风险管理研究院编写，报告的撰写以合法地获得尽可能可靠、准确、完整的信息或数据为基础，但不保证所引用信息和数据的绝对精确性和完整性。在任何情况下，报告中的观点或所进行的经济预测结果仅供参考，并不构成各种投资决策的直接或间接依据，本研究机构对使用本报告所引发的各种直接或间接损失不承担任何责任。

图书在版编目(CIP)数据

中国经济运行风险指数.2015年.第1季度/《中国经济运行风险指数》课题组著.—上海:上海人民出版社,2015
ISBN 978-7-208-12921-4

Ⅰ.①中… Ⅱ.①中… Ⅲ.①中国经济-经济运行-风险管理-研究报告-2015 Ⅳ.①F123

中国版本图书馆CIP数据核字(2015)第073319号

责任编辑 曹怡波
封面装帧 张志全

中国经济运行风险指数2015年第一季度
《中国经济运行风险指数》课题组 著
世 纪 出 版 集 团
上海人民出版社出版
(200001 上海福建中路193号 www.ewen.co)
世纪出版集团发行中心发行 上海商务联西印刷有限公司印刷
开本720×1000 1/16 印张7.25 插页2 字数62,000
2015年5月第1版 2015年5月第1次印刷
ISBN 978-7-208-12921-4/F·2296
定价38.00元